사무관 승진

따라만 하면 성공한다

목   차

들어가는 말

나는 왜 이 책을 쓰는가?

이 책은 현재 시행 중인 경력직 공무원의 사무관(5급) 승진 시험 준비서다.

특히, 역량과 실적 중심 평가에서 요구되는 실적평가서 작성과 면접 평가를 준비하는 수험자에게 길잡이를 하고자 한다.

승진심사에서 3진 아웃에 처했던 필자는 10월이면 우울감에 깊이 빠져든다.

교육청의 경우, 이맘때면 어김없이 승진심사로 시끌벅적하기 때문이다.

불과 1년 전 주말이 지난 어느 월요일 아침,
출근차 교육청 정문에 들어서면 숨이 턱하고 막힌다.
입사 동기들 여러 명이 팀장으로 근무 중이다.

'오늘은 누구랑 어떤 대화가 기다릴까?
선배 기수는 물론이고, 공무원 입사 동기부터 후배 기수까지 승진자 대열에 합류하는 현실,
시험 기회조차도 쉽게 얻을 수 없구나!'

주어진 기회에서 뜻을 이루지 못했다.
3진 아웃 이후, 언제 어디건 사무실로 출근할 때마다 마음이 불편했다.
'이런 것이 인생이야!'라고 생각도 해본다.
전혀 위안이 안 된다.

인천을 비롯한 17개 시·도 교육청에서는 매년

이맘때 사무관 승진 시험을 치른다.

수험생은 한 해 동안 열심히 준비해왔기에 마지막 결실을 위해 고군분투한다.

그리고 며칠 후에는 승자와 패자가 갈린다.

필자는 세 번의 승진심사에서 고배를 마셨다.
이후 5년은 기나긴 좌절과 고통의 시간이었다.

부활!
다시 주어진 단 한 번의 기회였다.
마침내 승진 시험에 합격했다.

어떤 노력을 했을까?
이 책을 쓰는 이유다.

어떻게 준비했길래 승진심사에서 40%나 차지하는 승진후보자명부가 하위 30% 수준이었음에도 우수한 성적을 획득한 것인가?

제시되는 내용들이 개인에 따라 다소 부담스러울 수 있음도 미리 밝힌다.

그러나 승진에 대한 간절한 마음이 있는 사람이라면 누구나 실행할 수 있다.

필자의 경험을 토대로 작성했기 때문이다.

끝으로 교육 현장에서 매일 인내하며 업무에 매진하는 나의 동료들에게 존경의 마음을 전한다.

본청, 교육지원청, 사업소, 각급 학교 등 일선에서 노력하는 여러분들의 오늘이 모여 학생 교육이라는 큰 틀을 완성하기 때문이다.

2022. 10. 28. 저녁 서재에서

제1부 한걸음 앞서기

❑ 밑그림 먼저 그리기

❑ 합격자 인터뷰하기

❑ 업무성과 정리하기

밑그림 먼저 그리기

3월부터 시작한 스터디그룹을 통하여 전체적인 일정과 세부 추진내용 등을 논의했다.

"우리의 최종적인 골인 지점은 면접이다.

면접은 기본적으로 말하기 능력이다.

그래서 스터디그룹을 면접을 마치는 날까지 이어가고, 실적평가서 준비 등 모든 과정에서 토론을 통해 준비해보자"

3월 첫 주 수요일 저녁, 스터디그룹을 함께 하기로 한 나와 구성원(study member) 두 명은 승진 공부를 위한 모임을 시작했다.

연간 운영 계획을 준비했다.

짧은 시간을 투자해 작성한 초안[1]이다.

첫 모임의 가장 큰 논제는 면접을 마치는 날까지 우리 셋이서 어떻게 성공적인 마무리를 할 수 있을까였다.

우선, 연간 일정을 자세하게 살펴보았다.

<승진심사 추진도>

추진계획 ≫	세부계획 ≫	소양교육 이수 ≫	대상결정 ≫
(교육청)	(교육청)	(연수원)	(교육청)
원서접수 ≫	사전설명회 ≫	업무실적제출 ≫	실적검증(1차-서식) 다면·청렴평가(1차) ≫
(온라인)	(교육청)	(당사자)	(검증단)
실적검증(2차-홈페이지), 다면·청렴도 평가(2차) ≫	실적 소명 (검증결과소명) ≫	실적검증(3차-서류, 평가위원) ≫	면접평가 (실적 심층면접)
(검증단)	(당사자)	(평가단)	(평가단)

1) 세부 내용은 P51에서 소개

교육청에서 2021. 2월, 승진 시험 절차를 포함한 추진계획을 수립하여 통보한 내용이다.

수험생들의 레이스가 시작된 것이다.

소양 교육은 집합교육과 사이버 교육으로 이루어진다.

소양 교육은 특별한 부담을 갖지 않아도 된다.

집합교육은 사무관 응시 횟수에 상관없이 한 번 이수하면 된다.

개인별로 교육연수원의 공지에 따라 수강 신청을 한다.

연수 내용은 인천교육 기본방향, 교육정책, 교육학개론 등 다양하게 구성되어 있다.

4일간의 교육을 마치면 평가가 있다.

그러나 시험 중에 교재를 볼 수 있고, 사전에 출제 문제에 대한 힌트를 준다.

전혀 걱정할 대상이 아니다.

일정에 맞추어 이수하면 된다.

사이버 교육은 행정법과 교육학이다.

긴 시간의 사이버 교육을 들어야 한다.

필기시험으로 사무관을 선발할 때는 객관성과 공정성을 담보할 목적이었을 것이다.

현재의 실적 중심 평가 제도에서 왜 행정법과 교육학의 수강이 필요한지 모르겠다.

동영상 수강으로 수십 년 지녀왔던 행정적 습관이나 교육적 철학이 바뀔 리 만무하기 때문이다.

물론 이 기회를 통해서 무엇인가를 얻을 수 있는 사람도 있을 수 있다.

여기서는 수험 준비를 목적으로 하기에 교육적 효과 등에 대해 더 논할 이유가 없다.

그래서 사이버 교육은 단순히 이수에 의미를 두면 그만이다.

9월 초에 시행하는 사이버 평가에서 60점 이상을 득점하면 된다.

강의 중에 배포하는 출제예정자료(100제)가 있다.

사이버 평가에서는 이 100제 정도만 공부해도 충분하다.

수험생이 준비해야 할 것은 실적평가서 제출과 면접 평가이다.

면접 평가는 실적평가서의 확인으로 보면 된다.

그래서 실적평가서 작성이 우선 완성되어야 한다.
이 실적을 기반으로 면접 준비를 한다.

첫 모임에서 제안했다.
"우리의 최종적인 골인 지점은 면접이다.
면접은 기본적으로 말하기 능력이다.
그래서 스터디그룹을 면접을 마치는 날까지 이어가고, 실적평가서 준비 등 모든 과정에서 토론을 통해 준비해보자"

우선, 전년도 합격자들의 실적평가서 몇 개를 자세히 읽어보고 분석하기로 했다.
수험생 누구에게나 소중하고 어렵게 만든 시간에 모든 실적평가서를 토의할 필요는 없다.

우리는 4주에 걸쳐 4명의 실적평가서를 한 사람씩 돌아가면서 낭독하고, 줄을 그어가며 읽어갔다.
이어서 평가관의 관점으로 본인이 느낀 점에 대해 발제를 이어갔다.
"제가 볼 때, 고점의 평가 요소는 이런 점이고, 주제를 구체화기 위한 표현이 어떻다"라는 형태였다.

"실적평가서 기술에 있어서, 맥락의 흐름이 처음부터 끝까지 일관되어야 한다.

참신한 제목이 주는 첫인상이 가장 중요하다"라는 구체적 의견까지 제시되었다.

낭독 횟수가 증가하면서 실적평가서 작성 시 유의할 점 등에 대한 협의도 활발하게 이루어졌다.

양질의 실적평가서 작성을 위해 "가능한 모든 노력을 다하자"라는 합의도 했다.

4월에 접어들어 외부 전문가의 컨설팅을 받아 보자는 이야기가 나왔다.

그래서 나는 교육연수원 교육학 강의에 참여한 오**교수의 연락처를 휴게시간에 직접 문의했다.

그 와중에도 실적평가서 작성과 토론을 계속 진행하였고, 5월부터 7월 중순까지 전문가의 컨설팅을 받았다.

다른 이들과 차별화된 지점은 컨설팅 과정 자체를 스터디그룹에서 공유하고 토론을 진행한 점이었다.

컨설팅은 개별적인 약속으로 정해진 시간에 줌(ZOOM)을 통해 만나 1시간 내외의 화상회의 방식이었다.

실적평가서 작성에서 직접적으로 도움 된 부분은 주제의 전개 방식, 즉 구조화 작업이었다.

3월부터 스터디그룹의 토론 과정에서 평가 요소에 대해 논의도 여러 차례 하였다.

실적평가는 서면과 면접 평가로 구분된다.

서면은 심사대상자가 제출한 실적평가서를 기준으로 평가영역에 따라 평정점을 부여한다.

업무 개선도, 조직 기여도, 업무 추진력, 업무 창의성, 업무 난이도 등 다섯 개의 영역이 있고, 배점은 영역별 각 20점, 총 100점 만점이다.

최종 평정은 매우 우수, 우수, 보통, 미흡, 매우 미흡 등 다섯 개의 구간에 따라 10점부터 20점까지 2점 간격으로 점수를 부여하여 평정한다.

면접 평가는 별도의 장소에서 대면 면접을 통하여 평가한다.

평가영역은 조정통합 및 관리능력, 인성과 소

통, 업무추진 전문성, 책임성 및 협력성, 성실성 및 적극적 업무태도 등 다섯 개다.

서면 평정과 마찬가지로 매우 우수, 우수, 보통, 미흡, 매우 미흡 등 다섯 개의 구간에 따라 10점부터 20점까지 2점 간격으로 점수를 부여하여 평정한다.

스터디그룹 활동을 이어가면서, 수험 과정에서 집중력을 유지해야 할 요소들이 무엇인지를 확인하고자 평가 요소를 자주 상기하였다.

2021년 8개월의 수험 준비는 거의 모든 면에서 스터디그룹과 함께했다.

가능했던 이유는 전체적인 밑그림을 처음부터 선명하게 그렸기 때문이다.

개인별로 작성한 실적평가서 내용, 외부 전문가의 조언, 직장 내 선후배 동료들의 검토의견 등 모든 부분을 스터디그룹에서 공유하고 토론했다.

시험 준비 내내 미리 공지한 평가 일정을 기준으로 스터디그룹과 함께 차분하게 대처했다.

면접 평가 전날까지도 만남을 이어갔다.

오랜 기간 함께했던 우리의 노력은 그해 가을이 다 가기 전에 사무관 승진이라는 결실을 안겨주었다.

감사하고 고마운 일이었다.

합격자 인터뷰하기

수험 준비의 시작은 합격자와 인터뷰였다.

시험에서 가장 중요한 요소들은 무엇일까? 어떤 방법으로 준비했을까? 등등 궁금증이 일었다.

성공리에 수험을 마친 합격자를 대상으로 한 정보 수집 차원의 인터뷰다.

사무관 시험 합격자 발표 후 잠시의 말미가 지나면 3주간의 승진자 연수가 이어지고. 연말이기도 하여 다들 마음이 바쁘다.
또한 합격자들은 수험 준비를 도와준 지인들에게 답례 인사 등으로 부산하다.

그래서 적정한 시기에 약속을 잡지 않으면 만나기도 어렵다.
10월 중순 합격자 발표 전에 물어볼 내용을 준비하고 있어야 한다.
그래야 발표 직전부터 약속을 잡고 인터뷰를 진행할 수 있다.

인터뷰를 생각하면서 '누구랑 몇 명을 만나야 하나'가 고민이었다.

다행히 오랜 기간 교육청에 근무하여 지인이 많은 장점을 가지고 있었다.

2020년도 합격자 9명 모두를 개인적으로 알았고, 절반 이상이 아무 때고 통화할 수 있을 정도였다.

가능하면 많은 이들과 이야기를 나누는 것이 필요하다고 생각했다.

12월까지 합격자 4명과 인터뷰했다.

인터뷰 시작 전에 메모하겠다는 양해를 구했고, 같은 내용으로 질문과 답변을 이어갔다.

절친했던 두 명의 후배, 친분이 특별하지는 않았지만 입사 선배님으로 3진 아웃이라는 점에서 나와 처지가 비슷했던 두 분 등이다.

인터뷰 목록이다.
1) 축하와 감사 인사(사전 분위기 조성)
2) 수험 준비는 언제부터 본격적으로 돌입했는가?
3) 스터디그룹 활동과 기여도는 어느 정도였는가?
4) 실적평가서 주제 선정은 무엇을 기준으로 했는가?
5) 실적평가서 작성에 외부 전문가 조력을 받았는가?

6) 면접은 어떻게 준비했는가?
7) 면접 답변 준비는 어느 수준까지 하는가?
8) 어떤 점이 합격으로 이어졌다고 생각하는가?
9) 수험 준비과정에서 아쉬운 점은 없었는가?
10) 마무리 인사

　인터뷰 결과를 스마트폰에 요약 정리했다.
　3월부터 시작한 스터디그룹에서 동료들과 공유했다. 자연스럽게 복습도 이루어졌다.

　인터뷰 답변을 요약한 내용이다.
1) 수험 준비는 빠를수록 좋고, 여름휴가 이후가 중요하다고 입을 모았다.

2) 스터디그룹에 대해서 4명 중 1명만이 도움을 받았다.
　구성과 참여는 모두 했으나 크게 도움 되지 않았다는 의견이 다수였다.

3) 주제 선정 이유는 다양했다.
　스스로 가장 자랑스러웠던 성과, 인천 교육행정에 기여도가 크다고 생각하거나, 다른 직원들과 차별화된 실적 등이었다.

4) 실적평가서 작성이나 면접에 대한 외부 전문가
조력 여부에 대해서는 한 분만이 학원의 도움
을 크게 받았다.
나머지 분들은 외부보다는 내부 동료 직원들
의 도움을 언급했다.

5) 면접을 어떻게 준비했냐는 물음에서는 다양한
답변이 있었다.
'본인의 녹음 파일을 이용했다. 지인의 조력에
의지했다. 교육청 전문직의 도움을 받았다' 등

6) 답변 수준에 대해서는 하나 같이 성과에 대한
완벽한 내용 숙지의 중요성을 말했다.
또 면접 문제 중에서 현황 설명을 요구하면서
타 시·도와 비교하라는 사례도 있었다.
한 분은 실적평가서의 단어 하나하나 모두를
완벽하게 설명할 수 있어야 한다고 피력했다.

7) 최종 합격하게 된 요소에 대해서는 생각들이
다양했다.

'성과가 출중했기 때문이다. 면접이 중요하다. 학원의 도움이 절대적 요소였다'등등

8) 아쉬운 점에 대한 물음에는 대부분이 없다고 답변했다.
  미련이 남지 않을 만큼 치열하게 준비하신 분들이라는 생각이다.

  매년 시행되는 승진심사에서 평가 기준들이 조금씩 변할 수 있다.
  그러나 제도의 큰 틀은 대체로 유지되고 있다.

  그만큼 서류 평가와 면접 평가 준비에서 합격자들에 대한 정보 수집은 중요하다.

  미리 준비한 질문지를 가지고 합격자들과의 인터뷰를 시작하면서 수험 준비에 돌입하는 것도 매우 효과적인 방법이다.

업무성과 정리하기

부서를 옮길 때마다 휴대한 USB 자료를 이용하여 빠른 시간에 부서별 성과를 정리했다.
이후 다양한 용도로 활용하였다.

부서별 또는 연도별로 어떤 성과가 있는가?

승진심사를 위한 수험 생활에 본격적으로 돌입하기 전에 먼저 챙겼다.

지나고 나서 돌이켜 보니 좋은 성과의 발굴이라는 측면, 또한 면접 준비에서 세밀한 내용까지 정리하여 활용한 점에서 매우 중요한 작업이었다.

동료들과 토론하면서 묻고 들어보니, 나처럼 체계적으로 성과를 정리하여 선별한 경우는 거의 없었다.

업무성과를 정리하려면 자료가 있어야 한다. 일반적인 방법은 업무포털에 접속하여 기록관리 메뉴를 활용하면 된다.

과거의 공문서 중 폐기되지 않은 모든 기록물이 검색된다.

기록물을 검색하여 열람 신청 후, 승인이 나면 자료를 볼 수 있다.

출력도 가능하다.

본인이 생산한 문서는 물론이고 같은 부서 직원들의 생산문서까지 열람, 다운로드가 가능하다.

정리할 건수가 많지 않거나, 중요한 몇 가지 자료만 정리하자면 기록물 검색으로 가능하다.

문제는 자료 검색과 출력, 내용 정리에 많은 시간이 소요되는 점이다.

다른 분들이 엄두를 내지 못한 이유다.

그런데 실적평가서 제출 시 요구되는 증빙서 준비를 위해서는 관련 공문서의 검색과 열람 신청, 출력이 불가피하다.

즉 나중에라도 반드시 해야 하는 일이다.

실적평가서 제출자료를 미리 준비한다는 생각으로 다소 시간이 걸리더라도 인내력을 발휘해야 한다.

사실 공문서 제목과 시기 정도만 알 수 있어도 자신이 수행한 업무이므로 내용 정리는 어렵지 않을 수 있다.

나는 기록관리 메뉴를 이용하지 않았다.

대체로 6급 재직기간의 업무 파일을 이동식 메모리 장치(USB)에 가지고 있었기 때문이다.

인사발령이 있을 때, 정보지원과에 'USB 예외 처리 신청서'를 제출하면 승인해준다.

즉 누구나 가능하다.

USB 예외 처리 승인을 받아야 본청이나 교육지원청 등에서는 본인이 생성한 자료라도 이동식 저장 장치에 담을 수 있다.

나는 매번 자리를 옮길 때마다 교육부 차원에서 추진한 사업, 자체 사업이지만 인상적이었던 업무, 민원과 관련된 주요 사안 등을 빠짐없이 담았다.

이렇게 중요 내용 또는 자료를 가지고 발령지로 떠나면 후임자의 질문이 있을 때마다 효과적인 답변이 가능하다.

내가 이 자료를 승진심사에 활용할 것이라고는 전혀 예상하지 못했다.

승진제도가 2014년까지는 필기시험이었고, 최근 3년 전만 해도 역량평가였기 때문이다.

필기시험과 역량평가에서 3진 아웃을 당했고, 좌절감과 실의에 찬 어느 날 승진제도가 실적 중심 평가로 바뀌었다.

내가 가진 업무 파일의 새로운 용도가 생겼다.

6급 재직기간이 15년이었으나, 성과 작성에 참고할 근무지는 본청과 일부 사업소로 제한했다.
학교 행정실장과 행정계장으로 각각 1년 반, 교육연수원 경리팀장 1년 등의 성과는 제외하기로 했다.

아래는 업무별 성과의 예시이다.
최근 안전총괄과에서 근무한 성과 중 하나를 정리한 것이다.
참고용으로 제시한다.

2020년 안전총괄과

연번	연월	제목	주요 내용
1	20. 11.	창의적 협업으 로 관리감 독자 지정에 대한	• **현황** -2020.6월 현재 전국 시도교육청 중 2개 시도에서 관리감독자 지정(강원도, 광주광역시교육청) • **문제점** -2019년도에 관리감독자의 법적 책무와 처벌 조항 등이 예고되면

연번	연월	제목	주요 내용
		교직원 갈등 해소 ★(인천 최초 /기획 (언론 보도)	서 영양교사회, 교장단 등 지정 대상 영역 간 갈등이 전국적 양상으로 나타나기 시작 〈중략〉 • **문제의 원인** -법령시행으로 인한 이해관계인 또는 업무관련자 간의 소통 부족 〈중략〉 • **대안** -이해관계 영역 간의 소통과 협의를 통한 공감대 형성의 장 마련 〈중략〉 • **추진내용** -2020. 6월 협의체 다람* 구성 (*다름을 인정하는 안전보건 아람의 줄인 말) -교장, 교감, 영양교사, 행정실장, 산업안전보건팀장 등 총15명 -사전연수 2회, 오프라인 협의회 2회, 사이버 의견수렴 2회 -관리감독자 지정 합의 ➤ 다람 업무 보고 ➤교장대표단 면담 ➤ 관리감독자 공문실행 〈중략〉 • **성과** 1) 다람 구성원의 **대표성 확보로 실효성 있는 협의체 역할** 수행

연번	연월	제목	주요 내용
			-교장, 교감은 자율장학협의회 대표단에 위촉 의뢰 〈중략〉 2) 영역별 입장 제출 유도 3) 〈중략〉 ■ 창의적 협의체 구성과 운영으로 최고조에 달한 갈등을 성공적으로 해결

위 양식으로 연도별로 총 78페이지의 성과를 정리했다. 양이 많아 책자 형태로 묶어서 휴대했다.

연도별 성과자료 정리가 귀찮다고 생각할 수 있다.
그러나 잠시의 고단함은 있지만, 활용적인 측면에서 장점이 많다.
가장 좋았던 기억은 토론을 시작한 3월부터 필요한 경우 때와 장소를 가리지 않고 내용을 확인할 수 있었다.

또한, 면접을 준비하면서 그 위력을 보여줬다.
성과 주제에 대한 문제점, 핵심적 원인, 대안 제시와 성과 등을 막힘 없이 말할 수 있게 된 계기가 되었다.

연도별 성과의 자료 정리에 걸린 시간은 한 달 정도였다.

업무처리를 하면서 틈틈이 작업했고, 때로는 저녁 시간을 활용했다.

나는 평소 글쓰기를 주저하지 않고, 개인적으로 해당 자료를 가진 상황이어서 한 달 만에 작업이 끝났다.

수년간의 공문을 찾아서 핵심 사항을 솎아내 정리한다는 것, 쉽지 않은 작업이다.

보통의 경우라면, 기록관리 시스템을 활용해야 한다.

작업 기간에 적어도 2~3개월은 소요될 것이다.

자료 검색과 열람 승인요청 등을 고려하면 훨씬 더 많은 기간이 필요하다.

이러한 작업을 언제 시작할 것인가?

연초에 발표하는 승진후보자명부를 중심으로 판단한다.

인천의 경우 최근 3년 동안 9명에서 15명의 사무관을 선발했다.

그러므로 매년 2월에 발표하는 승진후보자명부에서 50~60등 정도라면 연도별 성과 자료 정리를 시작하는 것이 바람직해 보인다.

제2부 준비한 자가 이긴다

❑ 스터디그룹을 활용하라

❑ 서면과 면접 평가를 함께 준비하라

❑ 에너지를 면접에 집중하라

❑ 말하기의 기본에 충실하라

❑ 호흡을 생각하라

스터디그룹을 활용하라

내가 할 수 있는 것, 하고 싶은 것을 모두 해 보기로 마음을 다졌고, 이때 가장 먼저 고려한 것이 스터디그룹의 결성이었다.

1) 필요성

스터디그룹의 결성과 적극적인 활용, 나의 경우는 승진 시험에서 절대적인 영향을 주었다.

어쩌면 세 명으로 구성한 스터디그룹의 활동이 없었다면, 또다시 고배를 마셨을지도 모른다.

네 번째 시험에서마저 탈락했다면 나의 현실은 어떻게 변했을 것인가?

마지막 시험에서의 실패, 정말 생각하기도 싫었다.

그러나 수험 준비 기간 내내, 가슴 한쪽에 커다랗게 자리를 차지했다.

만약에 승진에 실패하면 어찌할 것인가?

합격자 발표가 나고서 다음 인사발령까지 남은 두 달을 본청에서 버틸 수 있을 것인가?

자신도 없고, 생각조차도 싫은 현실적인 고민이었다.

세 번째 시험에 응할 때와 3진 아웃 이후 부활로 맞이하는 네 번째 시험에서의 가장 큰 차이점이었다.

다행히 합격자 명단에 들어서 그런 비극적인 현실은 벌어지지 않았다.

너무나 감사하다.

또한 얼마나 다행스러운 일인지 모르겠다.

물론, 마지막 승진 시험에서 낙방했다고 나처럼 모두 생각하지는 않는다.

3진 아웃 직원도 매년 배출된다.

이분들도 나와 생각이 다를 수 있다.

직원들 다수는 그간의 시험 스트레스를 훌훌 털어내고 또 다른 삶과 마주하며 잘 지낼 것이다.

개인마다 행복의 기준은 물론이고, 가치와 철학이 다르므로 당연한 일이다.

마지막 승진 시험을 앞두니 이런저런 생각이 많았다.

나로서는 당연하다.

이미 처절하게 감내한 3진 아웃의 고통을 다시는 재현하고 싶지 않았기 때문이다.

그래서 내가 할 수 있는 것, 하고 싶은 것을 모두 해보기로 마음을 다졌다.

이때 가장 먼저 고려한 것이 스터디그룹의 결성이었다.

2) 언제 구성할 것인가?

필기시험 시절에는 승진심사 대상자에 들기 수년 전부터 교육학 등을 배우기 위해 학원을 찾는 사람들이 있었다.

역량평가 준비 시절, 내가 주도했던 스터디그룹에서는 본청에 같이 근무한 입사 동기 한 분이 미리 대비한다고 함께 했던 기억도 있다.

이처럼 준비된 이에게 승진 기회가 부여되면, 그렇지 않은 이보다 성공 가능성이 클 것이다.

너무 당연한 이야기다.

현재의 실적 중심 평가도 예외는 아니다.

매년 2월에 발표되는 승진후보자 명부에서 어느 정도 상위 등수로 오르면, 스터디그룹 결성에 동참해야 한다.

즉, 인천의 경우, 후보자가 40등 전후라면 사무관 선발 예정 인원과 무관하게 미리 준비한다는 차원에서 적극적으로 임해야 한다.

나는 기존의 3진 아웃 직원들의 시험 기회 부여를 참고하면서 스터디그룹 결성 시기를 조율했다.

인사팀 근무 등 극히 예외적인 경우를 제외하면, 본청에서 근무하면 5년이 지나면서 시험 기회를 주어왔다.

3진 아웃 이후 5년 차에도 계속 본청에서 근무 중이었다.

그래서 2021년 기준 전년 12월쯤 앞서 이야기한 합격자 인터뷰를 마치면서 스터디그룹 결성을 시작했다.

3) 만남은 언제 어디서?

스터디그룹 첫 모임은 3월 초에 가졌다.

이후 7개월 정도 활동을 이어갔다.

언제까지 만나야 하나?

이에 대해서는 다양한 의견이 있다.

시험 상황을 바라보는 개인 간 시각 차이에 따라 스터디그룹의 운영 시기나 횟수 등이 다를 수 있기 때문이다.

주 1회 수요일 저녁 시간을 정기 모임으로 세팅하였다.

교육청 단위에서는 수요일 업무시간이 다른 날

보다 30분 일찍 마치기 때문이다.

때로는 일정을 조정하기도 했다.

노무 업무 관련 불시 집회와 면담, 개인별 가정사 등 불가피한 사정이 있을 경우였다.

스터디그룹 운영을 위한 장소도 중요하다.

교육청, 사업소, 학교 등에서 근무하므로 보통은 장소 확보가 어렵지 않다.

때로는 상황에 따라 외부 스터디카페를 이용하기도 한다.

우리 모임은 교육지원청에 근무하면서 업무 전용 공간을 가진 직원의 도움이 컸다.

세 명으로 구성한 정기 모임을 9월 말까지 이어갔다.

4) 누구랑?

예전과 달리 나는 스터디그룹 활동을 통해 구성원이 함께 성공하겠다는 신념, 이 믿음의 강도에 따라 성패가 좌우된다고 생각했다.

과거 두 번의 역량평가를 준비하면서 매해 두 팀의 스터디그룹을 운영했다.

4~5명으로 구성하여 진행과 토론을 주도했다.

약간의 경쟁심과 함께 열심히 임했다.

서로에게 도움을 주기보다 각자도생이라는 측면이 강했다.

결과는 허망했다.

나 혼자만 3진 아웃에 처했다.

이미 벌어진 현실을 두고, 누구를 탓할 일이 아니다.

나의 관운은 거기까지였고, 능력이 모자랐다고 단정했다.

이번에는 스터디그룹을 한 팀, 세 명으로만 하자고 결심했다.

이들과 공동운명체처럼 모든 것을 공유하고 싶었다.

그만큼 구성원을 누구로 할 것인가에 대해 고민을 많이 했다.

최종적으로 나를 포함하여 교육행정직 두 명, 타 직렬 한 명으로 구성했다.

두 분 모두 오랜 친분과 사적인 대화를 많이 나눈 사이였다.

스터디그룹을 함께 하자는 제안에 흔쾌히 승낙

해주었다.

한 분은 교육청에 함께 근무하면서 사고방식이 유연하고 사람 간의 조정 능력이 뛰어난 입사 동기였다.

다른 한 분은 교육기관에서 업무포털 구축 시 교육부 파견을 다녀왔던 전산 직렬의 유능한 교육지원청 팀장님이다.

다른 어느 해보다 구성원 조합이 만족스러웠다.

이후 여러분이 우리 모임에 참여하겠다는 의사를 전해왔다.

그러나 세 명 이상 확대하지 않기로 한 사전 합의 때문에 모두 거절했다.

우리 모임은 역할 분담과 개성을 잘 살렸다.

결과적으로 이분들과 함께 한 수험 기간이 좋은 열매로 연결되었다.

감사의 마음을 전한다.

스터디그룹을 누구랑 할 것인가의 문제는 매우 중요하다.

목적 달성이 좌우될 수 있기 때문이다.

스터디그룹 구성에서 필요한 역량은 세 가지다.

우선 성격적으로 원만해야 한다.
자주 얼굴을 맞대고 토론하는데, 불같은 성정을 가졌거나 지혜롭지 않으면 곤란하다.

두 번째는 업무 추진력과 기획력을 겸비한 사람이 있어야 한다.
협의, 토론, 조정 등을 전제로 하는 스터디그룹 활동의 필요적 요소다.

세 번째는 구성원끼리 시너지 효과를 낼 수 있는 사람이어야 한다.
개인적 주장이 너무 강하거나, 자신의 이익에 함몰되는 이와는 시간과 공간을 공유하기 어렵다.

5) 어떻게 운영할 것인가?
승진대상자 결정은 평가영역이 승진후보자 명부 40%, 실적평가 40%, 다면·청렴도 평가 20%로 구분되어 있다.
노력으로 해소할 수 있는 부분은 실적평가 40%뿐이다.

승진후보자명부는 짧은 기간에 어찌해볼 수 없는 영역이다.

본청 주요 부서 근무 등 절대적인 시간과 노력이 필요하다.

또한 순전히 결재권자와 교육청에서 정하기 때문이다.

다면·청렴도 평가도 평가대상자에 들었다고 하여 당장 개선하거나 쉽게 바꿀 수 없다.

평소에 동료들과 원만하게 지내고, 철두철미한 업무처리는 물론이고 결재권자에게 예의를 다해야 한다.

실적평가 40%는 9월 초에 제출하는 실적평가서를 대상으로 서류 평가 15%, 면접 평가 25%로 결정된다.

양질의 실적평가서 제출은 물론이고, 면접장에서 탁월하게 답변해야 승진자 대열에 낄 수 있다.

인천의 사무관 승진심사에서 승진후보자명부의 중요성은 더욱 커졌다.

그런데도 승진후보자명부에서 심사대상자 중 하

위 30% 수준이었던 내가 2022년 사무관 승진대상자에 포함되었다.

이는 무엇을 말해주는가?

승진후보자명부의 열세를 실적평가 40%로 뒤집을 수 있다는 것을 결정적으로 보여주었다.

당사자인 나는 실적평가 40%의 위력이 매우 크다고 믿어 의심치 않는다.

그렇다면 수험생인 우리는 어찌할 것인가?

너무도 당연히 실적평가에 힘을 다해야 한다.

양질의 서면 평가 준비와 면접 평가에서 심사관이 듣고 싶은 답변을 할 수 있어야 한다.

우선, 실적평가서 작성 시에 주제 설정, 소제목, 추진 배경, 문제 분석, 대안 제시, 설득과 이해, 성과 등을 스터디그룹에서 도움받을 수 있다.

어떤 경우도 구성원의 관점 또는 의견을 인정하고 수용하는 자세를 보여야 한다.

때로는 실적평가서 내용에 대한 비판적인 시각을 감내해야 양질의 보고서를 작성할 수 있다.

최근 시행된 사무관 심사에서 제출된 실적평가

서의 질적 수준은 상당히 높다.

평가 점수 중 15%를 차지하는 서면 평가에서 차별화가 어렵다는 이야기다.

그런데도 상대평가이므로 심사단은 서열을 정한다.

출중한 실적평가서 작성이 필요한 이유이다.

스터디그룹에서 다양한 관점을 모으면서 서로에게 도움을 줄 수 있다.

스터디그룹을 통한 면접 준비, 나는 이 지점에서 거의 생사를 걸었다.

정기적인 모임을 3월부터 시작했다.

이때부터 '면접 연습도 함께 한다'라고 생각했다.

연간 계획을 작성하고 공유했다.

물론 실행 과정에서 수정도 있었다.

<스터디그룹 연간 추진계획 중 발췌 자료>

구분	시기		스터디 내용	비고
1	3월	1주	기존 실적평가서 탐독, 토론 1	
2		2주	기존 실적평가서 탐독, 토론 2	
3		3주	기존 실적평가서 탐독, 토론 3	
4		4주	기존 실적평가서 탐독, 토론 4	
5	4월	1주	실적평가서 발제 토론 1	

구분	시기		스터디 내용	비고
6		2주	실적평가서 발제 토론 2	
7		3주	실적평가서 발제 토론 3	
10	5월	1주	실적평가서 작성 발제와 토론	
14	6월	1주	실적평가서 예상질문과 답변 1	
23	8월	1주	휴가 ※ 대상자 결정	
24		2주	실적평가서 합동 협의, 토론 1	
25		3주	실적평가서 합동 협의, 토론 2 ※ 원서접수	
26		4주	실적평가서 합동 협의, 토론 3 ※ 8.25. 사전설명회	
27	9월	1주	모의 면접 1 ※ 9. 4. 사이버평가	
28		2주	모의 면접 2 ※ 9.6.~9.8.실적보고	
29		3주	모의 면접 3	
30		4주	모의 면접 4 (사무관 초빙)	
31	10월	1주	모의 면접 5 (사무관 초빙)	
32		2주	모의 면접 ※ 10.9. 면접평가	

6) 필요조건

스터디그룹을 같이 하려면 서로의 배려와 헌신이 있어야 한다.

배려 없이는 장기간의 정기 모임이 불가능하다.

원활한 스터디그룹 활동을 위해서는 경비 각출

과 집행이 필요하다.

누군가는 총무로서 역할을 해야 한다.

소요 시간이 보통 18시 이후부터 3시간 이상이며, 수개월을 함께 한다.

때로는 주말에 만나기도 한다.

정기 모임을 이어가자면 서로 간의 배려가 요구된다.

가끔은 저녁도 함께 먹어야 하고, 마치고 나서 별도의 친교 시간도 필요하다.

구성원과 많은 시간을 공유하려면 불편하지 않아야 한다.

'나는 어떤 측면에서 구성원에게 도움을 줄 수 있는가?'에 대하여 고민할 필요가 있다.

7) 끊임없이 토론하라

앞서 제시한 스터디그룹의 연간 계획서에서 보여주듯 토론을 전제로 정기 모임을 열었다.

실적평가서 작성 이전부터 면접 준비까지 토론을 이어갔다.

전년도 합격자들의 실적평가서를 소리 내어 읽

고, 잘된 점과 아쉬운 점을 돌아가면서 발표했다.

각자의 주장을 펼치는 연습이 시작되었다.

4월부터 시작된 실적평가서 작성도 비슷했다.

모임 전에 스스로 검토하거나 작성한 자료를 발제했다.

그러면서 구성원은 듣는 이의 관점을 제시하였다.

9월까지 지속된 모임은 언제나 토론으로 이어졌다.

이러한 과정을 통하여 의견 제시나 주장에 두려움을 떨쳐 나갔다.

7월경 실적평가서의 윤곽이 구체화하자 본청에서 함께 근무한 스터디그룹 동료와 정모 이외 시시때때로 만났다.

잠깐의 사적인 이야기를 나누고 나면, 묻고 답하기를 이어갔다.

바쁜 업무처리 중에도 잠시라도 시간이 남으면 인터폰과 메신저로 연락했다.

교육청 지하층 등 비어있는 공간을 18시 이후에 활용했다.

1회당 둘이서 주고받은 질문과 답변 시간은 1

시간이면 충분했다.

7월부터 9월까지 근무일 기준으로 1일 1회 이상 만남을 이어가려고 노력했다.

8월에 접어들면서 스터디그룹의 긴장감을 높였다.

이유가 여럿 있었다.

대표할 만한 건은 8월 초에 발표된 승진후보자 명부였다.

나는 무려 11등이나 뒤로 밀린 상황이 벌어졌다.

9월에 접어들어 연가, 특별휴가 등을 모아서 3주간에 걸쳐 함께 휴가를 냈다.

그러면서 사이버를 통한 토론을 하루에 3회씩 열었다.

면접 평가 전날까지 이어갔다.

서면과 면접 평가를 함께 준비하라

심사관은 실적평가를 서면과 면접 평가로 나눈다.

그러나 수험자는 별도 두 개의 영역으로 보면 안 된다.

이 둘은 하나다.

애써 구분하려 노력하지 말라.

승진 시험에서 무사통과를 바라지 않는 사람은 없다.

누구나 그렇다.

한 번 준비과정을 돌아보자.

당시에 얼마나 절박감이 있었는가?

나는 세 번의 시험 기회에서 온 힘을 모두 소진했다.

매번 그렇게 생각했다.

그러나 네 번째 시험을 준비하던 어느 날, 문득 지난 시간을 돌이켜 보면서, '예전에는 오늘만큼 절박하지 않았구나!'라는 탄식이 저절로 나왔다.

인도 속담에 '마음을 다하면 우주가 도와준다'라는 속담이 있다.

필기시험을 패스했던 선배님들은 '사무관이 되려면 실력도 실력이지만, 운도 좋아야 한다'라고 입을 모아 이야기했다.

인도 속담이나 선배님들의 이야기를 네 번째 시험 전까지는 충분하게 이해하지 못했다.

열심히 공부하면 되는 거지, 무슨 놈의 운이 필요하고, 우주까지 도와주어야 승진을 할 수 있느냐고?

지금은 제목조차 기억나지 않지만, TV에서 인도 영화를 보던 어느 날, 영화배우의 대사를 통해 알게 되었다.

"간절하고 절박한 마음으로 최선을 다해라, 그러면 너의 소망을 이룰 수 있도록 온 우주와 만물이 도와준다"라는 것이었다.

'운'이란 것도 최선을 다한 자에게 부여되는 것이다.

마음으로 바라기만 한다면 허망한 결과가 기다릴 뿐이다.

우리의 속담 '하늘은 스스로 돕는 자를 돕는다'라는 말도 같은 의미다.

승진심사에서 마음을 다하지 않고, 최선을 다하지 않은 단순한 '바람'은 욕심에 불과하다.

최근에 승진심사 대상자 몇 분을 도와드렸다.

실적평가서 작성에서 면접에 이르기까지 전화

통화, 업무용 메신저, 학교 방문 등 다양한 방법
으로 상당 기간을 함께했다.

아쉬운 결과로 이어진 분이 기억난다.
시험을 마치고 전화를 해왔다.
'최선을 다했기 때문에 후회는 없다.
도와줘서 고맙다' 이런 내용이었다.

그 말을 들으면서 승진대상자에 명단을 올리지
못한 그에게 위로를 줄 만한 적당한 어휘 찾기가
몹시도 어려웠다.
"고생하셨습니다.
건강 관리 잘하고, 잘 털어내셔라,
행복한 삶은 또 다른 곳에서도 찾을 수 있습니다"
이 정도의 말을 건네면서도, 큰 위안은 되지 않
으리라 생각했다.

그와는 공직 생활 중 상당 기간을 본청에서 함
께 했고, 2년 전에는 같은 부서에도 있었다.
그만큼 잘 아는 직원이라서, 아픈 마음이 더욱
컸다.
동병상련의 심정도 있었다.

나보다 1년 뒤에 3진 아웃에 처했고, 마지막 시험 기회를 부여받았기 때문이다.

성패 여부를 떠나 승진에 대한 절박한 마음은 한 치 차이도 없었을 것이다.
그러나 실적평가서 작성 과정, 면접 준비 등에서 달라 보였다.
내 관점으로는 실적평가 40% 중 15%를 차지하는 서면 평가는 탁월했다.
주제, 업무 과정, 성과 등 모든 면이 탄탄하게 구성되었다.
그에게도 '보고서 내용이 탁월하다.
면접만 잘하면 충분히 좋은 결과로 연결될 수 있다'라고 여러 차례 격려했다.

그러나 면접 평가를 2주 앞두고, 내가 주관한 면접 모의평가에서 당황스러운 모습을 보였다.
예상하지 못한 문제가 출제되자, 편안한 표정을 잃어버린 데다, 답변을 자연스럽게 이어가지 못했다.
거기다 평가장에 오기 전까지 줄줄이 외웠던 말조차 풀어내지 못했다.

모의평가를 마친 후, 그가 직접 말했다.

"지금까지 실적평가서 작성하느라 면접 준비에 소홀했다.

이제 남은 기간에 온 힘을 다해 면접 준비를 할 예정이다"

함께했던 심사단 세 명 모두 놀라움을 금치 못했다.

그러나 불필요한 심리적 자극으로 이어질까 봐, 원론적인 당부의 말씀만 드렸다.

"남은 기간 어떻게든 면접 준비에 최선을 다하여 좋은 결과로 이어지길 바랍니다"

나는 속으로 삼켰다.

'지금이 어느 때인가! 불과 2주 후 실전 면접을 봐야 하는데, 문제와 답변을 외운다는 생각을 왜 하고 계실까?'

이러한 사태의 원인은 명확하다.

본인이 이미 말했다.

"지금까지 다른 사람들보다 좋은 실적평가서 작성에 집중했다"라고.

절박감이 몰아치는 현실 속에서 이해도 된다. 실적평가서 제출 후 불과 4주 후 면접을 치러야 한다.

얼마 안 남은 기간, 누구라도 시간에 쫓긴다.

전혀 대비가 안 된 상황이라면, 문제와 답변을 정리해 놓고 그것이라도 외워야 한다.

물론 잘못이거나 틀린 말은 아니다.

실적평가서 내용이 면접장으로 이어지니 서면평가에서 좋은 평가를 받는 것은 매우 중요하다.

그러나 최종 관문인 면접이라는 거시적인 측면에 너무 소홀했다.

즉 눈앞에 당면한 문제해결에만 집중한 결과, 면접 평가에 준비가 부족했다.

드넓은 대양에서 가고자 하는 이정표를 잃어버린 배라면 어찌 될 것인가?

바다에서 이리저리 헤매다가, 어느 날 불어오는 작은 파도에도 침몰하고 말 것이다.

눈 앞에 펼쳐진 지금의 문제는 해소한다 해도, 바로 이어질 다음 문제를 해결하지 못함으로써 결국 패하고 만 것이다.

　서면과 면접 평가가 짧은 시간에 이어진다.

　별도로 구분해서 준비할 일이 아니다.

　실적평가서를 작성하면서 면접도 동시에 준비해
야 한다.

　앞서 언급한 스터디그룹 활동을 통하든, 스스로
혼자만의 연습으로 해결하든, 어떤 경우에도 서면
과 면접 평가를 별도로 생각하면 안 된다.

에너지를 면접에 집중하라

  승진후보자명부 점수가 낮다고 해도 미리 실
망할 필요가 없다는 것이다.
  면접에 집중하면 충분히 만회할 수 있다.

인천의 승진심사 추진계획에서 제시된 영역별 평가 순위 환산점수표이다.

구분	승진후보자명부	실적평가	다면·청렴도평가
비율	**40%**	**40%**	**20%**
급간	**0.2**	**원점수**	**0.1**

위의 자료와 같이 승진후보자명부와 다면·청렴도 평가는 급간 점수가 정해진다.

인천교육청은 2021년도에 45명이 경합했다.
엑셀을 활용하여 간단하게 계산해보았다.
승진후보자명부에서 1등과 45등은 8.8점 차이다.
나는 30등이므로 1등과 5.8점 차이다.

다면·청렴도평가는 급간 0.1이므로 1등과 45등의 점수 차이가 4.4점이다.
정확한 점수는 알 길이 없다.

내 기준으로 승진후보자 명부와 다면·청렴도평가 최하점수를 다 합하면 1등과 10.2점 차이란 뜻이다.

마찬가지로 실적평가 40점을 계산해본다.

서면과 면접으로 각 15점과 25점을 원점수로 반영한다고 공지했다.

원점수 반영이라 해도, 점수 부여 방법은 급간 차이점을 고려할 것이다.

서류평가는 급간 0.1점, 면접 평가는 급간 0.2점을 부여하면서 표를 그려보았다.

두 점수의 합계를 기준으로 1등과 10.2점 차이점은 11등이다.

즉 실적평가에서 11등 안에 들면 1등과 점수가 같아진다는 뜻이다.

구분	근평	근평 차이	다면	다면 차이	서류	면접	실적 합계	실적 차이
급간	0.2		0.1		0.1	0.2		
1	40	8.8	20	4.4	15	25	40	13.2
2	39.8	8.6	19.9	4.3	14.9	24.8	39.7	12.9
3	39.6	8.4	19.8	4.2	14.8	24.6	39.4	12.6
4	39.4	8.2	19.7	4.1	14.7	24.4	39.1	12.3
5	39.2	8	19.6	4	14.6	24.2	38.8	12
6	39	7.8	19.5	3.9	14.5	24	38.5	11.7
7	38.8	7.6	19.4	3.8	14.4	23.8	38.2	11.4
8	38.6	7.4	19.3	3.7	14.3	23.6	37.9	11.1
9	38.4	7.2	19.2	3.6	14.2	23.4	37.6	10.8
10	38.2	7	19.1	3.5	14.1	23.2	37.3	10.5
11	38	6.8	19	3.4	14	23	37	10.2

구분	근평	근평 차이	다면	다면 차이	서류	면접	실적 합계	실적 차이
12	37.8	6.6	18.9	3.3	13.9	22.8	36.7	9.9
13	37.6	6.4	18.8	3.2	13.8	22.6	36.4	9.6
14	37.4	6.2	18.7	3.1	13.7	22.4	36.1	9.3
15	37.2	6	18.6	3	13.6	22.2	35.8	9
16	37	5.8	18.5	2.9	13.5	22	35.5	8.7
17	36.8	5.6	18.4	2.8	13.4	21.8	35.2	8.4
18	36.6	5.4	18.3	2.7	13.3	21.6	34.9	8.1
19	36.4	5.2	18.2	2.6	13.2	21.4	34.6	7.8
20	36.2	5	18.1	2.5	13.1	21.2	34.3	7.5
21	36	4.8	18	2.4	13	21	34	7.2
22	35.8	4.6	17.9	2.3	12.9	20.8	33.7	6.9
23	35.6	4.4	17.8	2.2	12.8	20.6	33.4	6.6
24	35.4	4.2	17.7	2.1	12.7	20.4	33.1	6.3
25	35.2	4	17.6	2	12.6	20.2	32.8	6
26	35	3.8	17.5	1.9	12.5	20	32.5	5.7
27	34.8	3.6	17.4	1.8	12.4	19.8	32.2	5.4
28	34.6	3.4	17.3	1.7	12.3	19.6	31.9	5.1
29	34.4	3.2	17.2	1.6	12.2	19.4	31.6	4.8
30	34.2	3	17.1	1.5	12.1	19.2	31.3	4.5

이러한 분석은 무엇을 의미하는가?

승진후보자명부 점수가 낮다고 해도 미리 실망할 필요가 없다는 것이다.

극단적으로 45명 대상자 중 45등이라 할지라도 8.8점의 간격을 실적평가에서 충분히 극복할 수 있다.

실제와 차이가 있을 수 있으나, 급간 점수를 위

표의 예시처럼 적용할 경우, 실적평가 극단 간의 점수 차이는 무려 13.2점이다.

실적평가의 배정 점수는 서류 평가보다 면접 평가 점수가 높다.
이것은 면접으로 최종 승진자를 선별하겠다는 의미라고 본다.

그래서 나는 실적평가서 제출 전부터 면접 평가 준비를 병행하자고 말했고, 실행에 옮겼다.
스터디그룹을 함께 한 동료와 마지막까지 모든 에너지를 면접 평가에 집중하였다.

말하기의 기본에 충실하라

잘 보는 면접은 훈련된 결과이다.

정확한 발음, 적정한 속도, 간결한 어투 등 말하기의 기본에 충실할 때 가능하다.

직설적으로 말하면, 면접 평가는 말하기 능력을 테스트하는 것이다.

주어진 질문에 설득력 있는 답변을 전개해야 한다.

심사관에게 좋은 점수를 받기 위해서는 화자의 이야기에 망설임이 느껴지지 않아야 하고, 청자가 듣기에 편하면서도 시원시원해야 한다.

나는 말하기에 자신이 전혀 없었다.

2015년 승진 시험 기회를 두 번째로 부여받은 그해, 역량평가를 마치면서 용기를 완전히 잃어버렸다.

집단토론에서 최하위 점수를 받음으로써 승진에 실패했기 때문이다.

첫 역량평가 시행 후에 들은 이야기다.

100점 만점 중 무려 40점을 차지한 기획력 평가에서 최상의 결과를 얻었다.

그런데도 승진에 실패하고 만 것이었다.

평가장에서 말을 잘못한 필연적인 결과였다.

역량평가에서 미끄러진 그해 겨울, 서울 강남역 근처의 전문 학원을 찾았다.

1시간의 상담을 마치고 곧바로 수강 등록했다.

집단토론에서 동료들과 토론을 잘하여 승진의 걸림돌이라고 생각한 문턱을 넘어서고 싶었다.

4주 코스의 기초과정, 5주간의 스토리텔링 훈련, 10주간의 개인 과외 등으로 이어갔다.

자음과 모음의 정확한 발음, 말하는 속도, 어려운 단어와 문장 또는 방송 뉴스 시나리오의 낭독 등 체계적인 훈련을 계속했다.

학원에는 주말에만 나갔고, 평일에는 신문 사설을 이용한 말하기 연습에 집중했다.

어떻게든 집단토론에서 좋은 결과를 만들고 싶었다.

그래서 강사에게 강요하다시피 하여 인천교육청의 승진제도에 적합한 맞춤형 훈련을 요구했다.

그 결과, 신문 사설을 이용한 훈련을 도입했다.

하나의 신문 사설을 3분간 요약하여 말하기, 사설에서 제시된 문제점과 내가 생각한 대안을 각세 개씩 즉흥적으로 말하기 등을 매일 했다.

아침마다 녹음하여 그 파일을 강사에게 송부하고, 주말 수업에서 지도받는 방식이었다.

그런 노력에도 불구하고, 2016년 10월의 두 번째 역량평가에서 또다시 승진에 실패했다.

그렇게 3진 아웃의 늪에 빠져 버렸다.

그러나 5년 뒤인 2021년의 실적평가 면접에서 무사히 통과할 수 있었던 것은 그간의 치열한 훈련이 있었기 때문이라 생각한다.

면접 준비의 시작은 정확한 발음과 말하기의 적정한 속도, 간결한 어투를 실제 현장에서 구사할 수 있도록 준비하는 것이다.

경험한 바에 의하면, 말하는 능력의 향상은 생각보다 많은 시간이 소요된다.

승진 서열명부를 보고, 승진 준비가 필요하다고 느껴진다면, 우선 신문 사설 읽기를 권한다.

최소 하루 30분, 3개월 이상 계속해야 한다.

소리를 내어 정확하게 발음하면서, 정상 속도에서 약간 느리다는 느낌으로 읽어야 한다.

낭독한 음성을 녹음하여 스스로 확인할 것을

권한다.

　녹음된 음성을 들어보고, 자연스러움이 묻어날 때까지 계속해야 한다.

호흡을 생각하라

면접, 토론 등 말하기에서 가장 유의해야 할 부분은 호흡 관리이다.

목소리의 떨림이 느껴진다면 말하는 것을 즉시 멈추라.

이어서 1~2회 심호흡하라.

공무원으로 살아가자면 자의든 타의든 대중 앞에 나설 일이 가끔 있다.

각종 설명회나 연수, 법령이나 지침으로 운영하는 위원회, 동아리 등에서 진행도 하고 때로는 강의도 한다.

또 교육청에서 결재를 한 번 받으려면 여러분들에게 사업이나 기획 내용을 설명한다.

20년을 교육청 단위에서 보내면서 말하는 것과 관련해 이런저런 상황들이 많았다.

어느 날, 평소와 달리 결재판을 앞에 두고 보면서 설명하는데도 내 목소리가 심하게 흔들리는 경우가 있었다.

순간적으로 '내가 왜 이러지? 잘 견디면서 말을 차분하게 해야지'라고 생각했다.

그러나 의도와 달리 설명을 마치고 내려오면서까지 긴장이 계속되었고, '이렇게 자신감이 없어서 앞으로 어떻게 일을 해나가나'하는 걱정이 될 정도였다.

계약업무를 하던 어떤 날은 교육연수원 출강

요청이 있었다.

급여 업무를 수행하는 공무원을 대상으로 지출 업무를 강의하였다.

교재를 설명하면서 목소리가 흔들리는 나를 또 발견했다.

'분명 업무 내용 등 강의자료에 대한 자신감은 넘치는데 왜 이렇게 목소리가 떨리지?'

강사로 나선 과장님의 강의자료와 시나리오를 준비한 적도 있다.

경험과 연륜이 풍부하고, 적어드린 자료가 충분한데도 불구하고, 강의 중에 과도하게 긴장하시는 분도 계셨다.

사실 목소리가 떨리거나 긴장감의 원인을 진지하게 분석하거나 고민해 본 적이 없었다.

대학 시절, 교직을 이수하면서 중학교에서 교생 실습을 무리 없이 수행했고, 이후 대학원에서 여러 차례 연사로 나선 경험도 있다.

이런저런 경험 속에서 말하기의 부담을 가끔 느꼈지만, 나만의 문제가 아니라고 치부했다.

목소리가 조금 흔들려도 시간이 지나면 안정을

찾아 대부분은 잘 마무리할 수 있었다.

역량평가에서 승진에 실패하면서 3진 아웃에 처했다.

5년이 지나 마지막 기회를 부여받고 다시 면접에 대한 고민이 커졌다.

'기회를 반드시 살려야 한다.

지난 시간을 돌이켜 보면서, 다시는 그렇게 힘든 처지에 내몰리면 안 된다.

어떻게 해야 할까?'

나는 이미 여러 차례의 면접, 강의, 수험 준비에서 터득하였다.

말하기에서 가장 중요한 점이 호흡이란 것을.

호흡이 불규칙하거나 가빠지면, 강의나 설명 중에 목소리가 흔들리고 꼬이기 시작한다.

자신의 목소리가 이상하다고 느끼는 순간, 과호흡과 함께 더 긴장감이 몰아친다.

긴장감이 몰아치는 실전 면접 평가장에서 흔들리지 않는 모습을 보이려면 호흡의 적정한 관리가 무엇보다 중요하다.

내가 아는 한, 수험자가 면접에 있어서 가장 주목해야 할 요소는 호흡 관리이다.

동료 세 명과 수험 기간 내내 함께 한 스터디 그룹에서 기회가 될 때마다 강조했다.
"우리의 토론 과정에서도, 업무추진 중 자료 설명에서도, 면접 평가 당일 그 자리에서도 호흡 관리의 중요성을 생각하자"

수험 준비 중 8월부터 전문 학원의 면접 컨설팅을 받았다.
이 과정에서 타 시·도 사무관의 면접 모의평가도 있었다.
사이버로 진행하지만, 최종 면접 평가와 비슷한 형태였다.

평가자가 질문지를 읽어주고, 수험자의 답변을 이어간다.
답변은 문제당 4분에서 5분으로 주어진 시간을 준수해야 한다.

스터디그룹 등에서 연습한 대로 호흡 관리에

대해 점검하고 실행했다.

시작 전 심호흡을 2~3회 시행한다.

답변 중 말이 빨라지면 1~2초 멈춘다.

그 시간에 심호흡을 진행하고 다시 답변을 이어간다.

이처럼 수험자에게 제일 중요한 호흡 관리는 훈련으로 개선할 수 있다.

누구나 말을 하거나 노래를 부를 때 목소리가 떨리거나 말이 빨라진다는 느낌을 한 번쯤은 경험한다.

누군가는 자신감이 없어서 생기는 현상이라고 말한다.

그러나 대부분은 자신감 부재가 아니다.

호흡 관리가 제대로 안 되면 나타나는 현상이다.

목소리가 떨린다는 것을 가장 먼저 느끼는 사람은 청중이 아니다.

말하는 자신이다.

목소리의 떨림이 느껴진다면 말하는 것을 즉시

멈추라.

이어서 1~2회 심호흡하라.

그러면 호흡을 되찾게 되고 안개 같던 기억들이 새록새록 돋아날 것이다.

제3부 최상의 실적평가서 작성법

❑ 제일 좋은 성과는 업무개선이다

❑ 참신한 제목이 중요하다

❑ 전문가 조력까지 다듬어야 한다

❑ 다양한 관점을 모아야 한다

제일 좋은 성과는 업무개선이다

가장 앞서 제시된 영역이 업무 개선도이다.

나는 여기에 집중했다.

업무개선 성과는 서면 평가 모든 면에서 고득점을 받을 수 있다.

전년도 말부터 어떤 주제로 실적평가서를 준비해야 하나 생각하다가, 연도별 부서별 성과를 정리해 나갔다.

부서별 주요 성과이다.

중등교육과에서는 학교별 전입학 인원을 교육청 홈페이지에 공개한 '전입학알리미' 신설, 전입학 시에 요구했던 서류들의 대폭적인 감축, 원어민 강사 업무지원, 학생 표창과 장학생 선발 등이 있다.

학교설립과 근무는 두 번에 걸쳐 6년 가까이 긴 세월이다 보니 성과가 많다.
연도별 지역별 학생 배치가 주 업무였다.
그 외에도 중기 학생 배치계획의 연도별 수립, 강화지역 특별전형 비율 제한 제도 신설, 백령도 등 서해5도 학생 배치에 있어서 별도 기준 설정 등 제도개선이 있다.

또 교육부 지침에 의한 직업교육 비중 확대 추진이 있다.
교육여건 개선을 위한 '미래형 인천 교육여건

조성'연구용역도 있고, 학교군 개선을 위한 TF도 있다.

아울러, 학교 규모와 선호도 및 학업성취도 상 관관계 분석 제시 등 자체 연구실적이 있다.

제2과학고 전환 설치를 위한 학생 배치 검토, 남녀 공학교를 단성학교로 전환, 복수 교감 고등 학교의 학급 감축으로 적정규모 학교 육성 등도 내가 검토한 학생 배치계획에 기초한다.

부서 워크숍을 매년 1회 이상 주도하여 직원 간의 화합은 물론, 업무 연찬 기회를 부여했다.

교육청에서 해마다 고약스럽게 여긴 일반고와 특성화고의 신입생 정원 결정에 직접적인 역할을 했다.

또한, 특목고의 학생 정원 조정, 사립학교 이전 재배치 추진 등에도 관여했다.

학생 수 감소에 따른 조치로 공립 중심의 학급 감축을 시행한 결과, 공사립 학교 간 규모 차이가 심각할 정도로 커졌다.

이에 따라 사립 고등학교의 학급 감축을 위한 5개년 추진계획을 시행하였다.

노무 업무에서는 소통 전문가로서 단체협약 추진 및 협약체결로 교육 현장 안정화를 가져왔다.

교육청 간사로서 근로자 노동조합 측과 신뢰 유지를 위해 노심초사했다.

현안 해결사로서 초등스포츠강사, 영어 원어민 강사 등의 고용 안정화와 처우개선 노력에 앞장섰다.

2년 동안 단체교섭을 진행하여 단체협약 4건, 부대 합의 2건 등의 협약을 체결하였다.

조리실무사 등 근로자들의 총파업 대응, 노무 업무 역량 강화를 위한 교장 등 관리자 연수를 추진했다.

노무 업무개선을 위한 TF 운영과 유공자 표창, 노무관리 질의회신 자료집 제작 배포 등도 있다.

교직원수련원에서 과장직을 수행하면서 대폭적인 업무개선을 주도했다.

즉, 개원 15년 만에 처음으로 시작한 객실 수건 지급을 이루어냈다.

변상금의 70%를 차지한 이물질 흔적에 의한 변상금을 면제하는 제도를 시행하였다.

청소원들 간에 갑질을 일삼은 반장 제도를 없

애고, 청소 업무 매뉴얼을 제작, 활용하도록 했다.

산업안전보건팀에서는 산업안전보건위원회의 구성, 교직원들과 근로자 등으로 구성한 협의체를 통하여 충돌하던 관리감독자 지정 문제를 빠르게 해결했다.
안전보건관리 체계 구축을 위한 인력과 예산 확보 등도 주도했다.

근로자 정기 교육 추진, 법령 홍보를 위한 회의 개최와 안내자료 배포, 근로자 노동조합 등과 현안 협의 등도 원만하게 해소하였다.
코로나19 감염병의 예방 차원에서 실시한 인터넷 원격교육으로 달아오른 교육비 지급 논란에서 신속한 대처와 행정 업무지원, 안전보건관리규정 작성을 위한 회의 등도 계속 이어갔다.

특히 산업안전보건팀의 인력 구조 조정, 동아리 활동을 이용하여 안전보건 예산의 확대, 지도점검 업무 매뉴얼 작성도 적극적으로 추진했다.
또한 국정감사, 행정사무감사 등에서 임기제 공무원들의 적응력을 높이기 위해 고군분투했다.

학교 현장의 고충해소와 노무 지원을 위한 자문 노무사 제도의 신설과 운영, 산업안전보건 전담 노무사의 신규 채용을 위한 정원 확보 등도 있다.

'어떤 성과를 대상으로 실적평가서를 작성할까'로 초기에는 고심이 깊었다.

6급 재직 연수가 15년에 달하여 실적이 다양했기 때문이다.

그래서 일부 근무지는 처음부터 제외하기도 했다.

주제별로 실적평가서 양식에 맞추어 여러 건을 작성했다.

완성되면 곧바로 지인들에게 검토를 요구했다.

서면 평가영역은 업무 개선도, 조직 기여도, 업무 추진력, 업무 창의성, 업무 난이도 등 다섯 개로 나누어진다.

가장 앞서 제시된 영역이 업무 개선도이다.

나는 여기에 집중했다.

업무개선은 조직 발전, 적극적인 업무추진, 창의성 발휘 등이 전제되어야 가능하다.

자연스럽게 모든 영역을 포함하여 고득점을 받을 수 있다.

최종 실적평가서는 세 개만 제출한다.
누구나 6급에서 근무한 기간 중 가장 괄목할 만한 성과로 작성한다.
학생 배치업무는 6년 이상 근무하였으나, 실적 선별이 무척 어려웠다.

일반적으로 학생 배치업무는 어렵다고 알려져 있다.
우리나라 17개 시·도 교육청 어디에서나 직원들의 기피 업무로 평판이 나 있기 때문이다.
담당자는 교육여건 전반에 대한 이해와 분석 능력 등 고도의 전문적 능력이 요구된다.

학부모와 학생, 교직원과 교육청, 지역사회 등 이해관계자가 어떤 지역이든 복잡하게 얽혀 있다.
즉 학생 배치 자체가 민원과 밀접한 영역이다.
그래서 과장, 국장 등 결재권자의 관심이 크다.
이렇게 어려운 가운데서 업무처리 능력을 발휘해야 한다.

그래서 심사단으로 누가 오던지, 서면 평가에서 업무 난이도나 조직 기여도에서 높은 점수를 받을 수 있다고 생각했다.

최종적으로는 전입학알리미 신설, 강화지역 학생 배치 개선, 서해5도 학생 배치기준 설정 등 교육적 효과가 선명한 개선 실적을 선택했다.

산업안전보건은 신설 부서였기 때문에 인력, 예산, 행정 지원 등 전체적인 영역이 업무개선이라고 생각했다.

인프라 구축, 인식개선과 홍보, 학교 현장 지원 등 세 개의 주제를 선정하고, 그 안에 세부 내용을 포함하여 제시했다.

노무업무에서는 단체협약과 노사문화 개선이라는 두 개의 틀로 구조화했다.

단체협약은 준비, 진행, 체결로 나누고, 그 과정을 적어갔다.

노사문화 개선은 관리자 연수, 노무관리TF, 질의회신 자료집 등을 포함한다.

단체협약 자체가 근로자들의 복지향상과 처우개

선이다.

관리자 연수, 노무관리TF 등도 업무개선 노력
으로 연결했다.

최종적으로 제시한 세 개의 실적평가서는 업무
개선에 집중한 것이다.

그래서 좋은 평가를 받을 수 있었다고 생각한다.

참신한 제목이 중요하다

실적 중심 평가인 사무관 승진 시험에서, 서면 평가 시 '좋은 점수를 받을 수 있느냐'의 여부는 '실적평가서 제목의 참신성에 달려있다'라고 말해도 과언이 아니다.

수준 높은 보고서 제목은 내용을 보지 않아도 업무성과나 과정을 어느 정도 예측할 수 있다.

우리가 작성해야 하는 실적평가서도 그만큼 구체적인 성과를 상징할 수 있는 참신한 제목 설정이 요청된다.

그러나 고득점을 받은 보고서가 반드시 모두 그렇다는 말은 아니다.

만남의 목적이나 남녀노소를 불문하고 사람을 만날 때, 첫인상의 중요성은 이미 알고 있다.

글도 마찬가지다.

수필이든, 소설이든, 자기계발서이든 독자들은 처음 대하는 책자의 제목에 대체로 먼저 집중한다.

우리가 목표로 하는 실적평가 사무관 승진 시험에서 합격을 위한 필수 과정인 실적평가서 작성에도 참신한 제목의 설정이 매우 중요하다.

나와 함께 합격한 직원들의 보고서를 먼저 살펴본다.

먼저 면접 평가 전날까지 스터디그룹을 함께

했던 직원의 실적평가서 제목이다.

1. 전장(戰場)에서도 삶의 힘을 지키다. 연평 학교 정상화 기여!
2. 경청과 공감을 통한 학생중심 노사문화 정착!
3. 교육청 주도, 협력체계 구축으로 43억 교육재정 확충

총무과에서 근무한 동료이다.

1. [안심·연대] 안전한 학교·함께하는 교육공동체, 교육청이 앞장서다
2. [미래] 포스트 코로나 시대, 사용자 중심의 스마트 업무환경 구축
3. [신뢰] 위기의 사립유치원, 공공성 강화의 기틀을 마련하다

학교설립과에서 오랜 기간 근무한 직원이다.

1. 뚝심있는 설득! 탁월한 협상력 발휘! 학교설립 재원 1,843억원 확보
2. 학생수예측기법 개선 및 법령개정 제안으로 정밀한 학생수용계획 실현!
3. 인천형 학교단위 공간혁신사업 주도로 그린스마트 미래학교 선도모델 제시

이외에도 여러 명의 실적평가서가 있다.

그러나 언급하고 싶은 '참신성'이란 측면은 이 정도 예시면 충분해 보인다.

참고로, 전년도 합격자 중 어떤 이는 '마당쇠'라는 단어를 사용했다.

어찌 보면, 뜬금없어 보인다.

그러나 교육지원청 총무팀에서 쌓아온 실적을 나타내는데, 맞춤형 단어란 생각이 든다.

이처럼 실적평가서 작성에서 필요한 영역에 적당한 단어의 구사는 매우 어려운 일이다.

사무관 승진평가가 종료된 이후, 심사대상자들의 실적평가서를 자세히 살펴본 적이 있다.

아쉽게도 합격자 명단에 이름을 올리지 못한 실적평가서 중에도 참신한 보고서가 여럿이다.

이러한 이유는 실적평가서만으로 합격자를 결정하지 않기 때문이다.

다음 장에서 언급할 면접 평가의 중요성이 강조되는 대목이다.

내 실적평가서에서 제시한 제목이다.

1. 산업안전보건 인프라 구축 등 1인 3역으로 산재예방 시동을 걸다!
2. 2년간 73차 145시간의 단체교섭 주도, 학교현장 안정화 견인
3. 맞춤형 학생배치와 전입학알리미 신설로 현장 중심의 교육지원 선도

참신성 확보를 위한 제목 설정 방법으로 다음과 같은 세 가지를 제시한다.

첫 번째는 숫자가 주는 힘이다.
앞서 제시된 다른 이들의 제목에서도 숫자가 눈에 보인다.
나도 세 개의 실적평가서 중 두 개에서 숫자를 언급했다.
숫자의 힘은 자료의 정확성을 상징해준다.
그만큼 막중한 책임감으로 업무를 추진했고, 확실한 성과가 있음을 보여준다.

최근 합격자 중 숫자를 제목에 표기한 예다.
1. 환경개선기금 1,489억원 조성 및 제도개선으로 교육시설 안전망 강화

2. 94년 사학법인 공립화 이후 24년 장기 미해
   결 재산 문제 완전 해결!
3. 검단신도시 초·고5개교 교육부 신설승인! 신
   도시 정주여건&교육기반 구축!!

두 번째는 인천교육 기본방향과 교육청에서 알
려주는 각종 정책의 단어 차용이다.
제목 설정에 있어 어떤 단어를 구사할 것인가?
마음고생을 많이 했다.
특히, 학생 배치 업무실적의 제목을 정하면서
공을 많이 들였다.

골똘히 그려본 제목만 해도 수십 개가 넘는다.
그중 초창기에 고민했던 실적평가서의 제목 세 개다.
1. 학생 배치 관행 개선으로 교육 가족 편의 제공
   선도
2. "정성, 정밀, 정직"의 학생 배치로 최적화된
   교육여건 조성
3. 창의·적극 행정을 통한 학생 배치 제도개선으
   로 인천교육 발전 지원

엄청난 시간과 노력을 투자하여 고민에 고민을

거듭했으나, 모두 마음에 들지 않았다.

실적평가서 검토를 도와준 선·후배와 동료 직원은 물론이고, 돈을 받고 실적평가서에 대한 컨설팅을 해준 전문가조차도 내 마음에 차도록 해결안을 제시해주지 못했다.

최종적인 제목은 실적평가서를 제출하기 1주 전쯤에야 결정했다.

당시 교육정책에 있던 문장 중에서 맞춤, 현장, 교육 지원 등을 추출했다.

세 번째는 마지막까지 고민하라는 것이다.

실적평가서는 9월 초에 인사팀에 제출한다.

처음 시작을 3월로 계산해도 거의 6개월이다.

이 기간에 내가 작성한 실적평가서는 세 개의 실적평가서 각각으로 최소 100개는 넘을 듯하다.

그만큼 많은 작업을 했다.

그런데도 나는 실적평가서를 제출하는 날까지도 제목에 대해 고민했다.

이렇게까지 고심한 이유는 단 하나였다.

3진 아웃 이후 마지막으로 부여받은 승진 시험 기회를 어떻게든지 살려내고 싶었던 간절함 때문이었다.

　그래서 제목이 주는 첫인상에서 좋은 평을 받고 싶었다.

　누가 보아도 '이 실적평가서는 참신하다'라는 인식을 주고 싶었다.

전문가의 조력까지 다듬어야 한다

실적평가서 작성 등에 전문가의 도움을 받을 필요가 있다고 생각하면서 과감한 선택을 했다.

다만, 전적으로 의지하지 않았다.

스터디그룹에서의 토론, 지인으로 구성한 네트워크를 통한 검토 등 다양한 방법으로 다듬었다.

마지막 날, 최선의 실적평가서를 제출했다.

조력의 사전적 의미는 힘을 써 도와줌, 또는 그 힘이라고 한다.

실적평가서 작성에서 조력을 받는다는 것은 말 그대로 도움이다.

사실, 보고서의 일종인 실적평가서의 최고 전문가는 20년 이상을 주무관으로 일해온 우리 자신이다.

각자 근무하는 기관에서 업무수행을 위해 숱한 기획서를 만들었고, 보고서를 작성했다.

본인이 수행한 업무에 대해 그 자신만큼 더 아는 이는 없다.

내용 면에서 그렇다.

실적평가서는 극도로 압축된 한 장의 보고서로 완성된다.

그래서 알맹이만 추려내야 한다.

업무추진 배경에서 시행, 결과 분석에 이르기까지 가장 핵심적인 내용을 골라내는 작업에 전문가 도움은 요긴하다.

그러나 외부 전문가에게 전적으로 의지하면 안 된다.

실적평가는 수험자의 몫이다.

도움을 받는다 해도, 평가 결과에 대한 책임은 전적으로 본인이 감당해야 한다.

즉, 실적평가서 작성에 대해 외부 전문가의 조력을 받되, 거기서 멈추지 말아야 한다.

실적평가서를 제출하는 그날까지 지속적인 관심과 애정으로 수정하고 다듬어 최상의 보석이 되도록 가공해야 한다.

나는 3월에 스터디그룹을 시작했다.

그러면서 전년도 합격자 실적평가서의 분석과 토론을 한 달 정도 진행했다.

이어서 5월까지 구성원 각자가 실적평가서를 만들어 보고, 만날 때마다 발제와 토론을 이어갔다.

주제의 적정성, 업무추진 배경, 문제점 발굴, 원인 분석과 대안 제시 등 보완해야 할 점들을 지적해주었다.

그러나, 우리는 5월 중순까지도 실적평가서를 정돈하지 못했다.

이래서는 안 된다는 자성이 있었다.

자연스럽게 외부 전문가 조력을 받아보자고 서로 제안하게 되었다.

5월 말에 전문가 조력을 받기 시작했다.

그러나 6월 한 달이면 충분하다던 외부 전문가의 조력은 7월 말까지 계속되었다.

업무성과를 바라보는 전문가의 견해는 나와 상당히 달랐다.

첫 번째, 그는 한 줄 쓰기의 달인이었다.

사업에 대한 나의 설명을 들으면서 한 줄로 요약해 내는 솜씨가 탁월했다.

두 번째, 외부 전문가는 실적평가서의 구조화 작업에 뛰어난 역량을 보여주었다.

노무 업무를 어떻게 풀어가야 하나 걱정하다가, 전년도 합격자의 의회 관련 실적평가서를 벤치마킹하고 있었다.

상대방과 함께 협의하고 조정하여, 문제를 해결해내는 방향이 비슷하다고 생각했기 때문이다.

그러나 생각보다 노무 업무의 실적평가서 작성

에 진전이 더뎠다.

거기다 하루라도 빠르게 실적평가서 작성을 완료해야 한다는 다급함도 있었다.

도움을 갈구하던 차에 전문가의 도움은 매우 컸다.

단체교섭 및 협약체결과 노사문화 개선이라는 두 개의 큰 틀을 제시해주었다.

내용 구체화를 위한 준비, 진행, 체결·전파라는 과정 설정에도 영향을 많이 주었다.

세 번째, 업무추진 과정에 대해 공무원과 다른 시각으로 접근한 점도 중요했다.

산업안전보건위원회 구성 과정에서 근로자 대표의 선출 과정에 대해 나와 견해가 달랐다.

근로자 대표는 근로자 쪽에서 전년도에 선거를 통하여 선출하여 교육청에 통보했다.

그러나 다음 연도에 개정된 법령에서, 적용 대상인 현업업무종사자 범위가 대폭 확장되었다.

그래서 대표성에 대한 검증 논란이 발생하였다.

이 문제의 해소를 위해 관련 기관과 협의하여 행정절차법에 의한 행정예고를 도입하였다.

그 결과, 2주간의 행정예고를 시행하였고, 이견

이 없자 근로자 대표로 확정한 것이다.

내 견해로는 적극 행정을 펼쳐서 빠른 시간에 문제를 해소한 우수성과였다.

그러나 그의 시각은 그렇지 않았다.

실적평가서에 그대로 표현할 경우, 공무원의 편법 적용이라는 불필요한 논란에 휘말릴 수 있다는 지적이었다.

실적평가 심사에 타 시·도 교육청의 사무관과 장학관이 참여하므로, 그러한 접근도 배제하기 어렵다고 판단이 되었다.

결국 나도 동의하게 되었다.

실적평가서를 준비하면서 외부 전문가의 조력을 받을 것인지 상당 기간 망설이고 고민했다.

스터디그룹에 함께 한 동료들도 마찬가지다.

그러나 생각보다 쉽게 합의되었다.

"이젠, 마지막이다.

이 시험에서 일말의 후회도 있어서는 안 된다.

하고 싶은 것은 어떤 것이든지 다 해보자"

돈이든, 열정이든 모든 것을 투입하자는 의견에 우리는 아주 간단하게 의견 합치를 보았다.

다시 정리하자면,

시험 기회를 세 번 부여 받는 상황,

더욱이 나처럼 마지막 기회라면, 실적평가서 작성에 외부 전문가의 조력도 받을 필요가 있다.

물론, 개인의 서류 작성 능력이 출중하여 외부의 도움이 불필요할 수도 있다.

그런데도 앞서 제시한 세 가지 이유 등으로 조력이 필요하다고 생각한다.

전문가 조력 여부는 수험생의 선택지다.

현명한 선택을 기대한다.

나와 스터디그룹을 함께 한 이들은 외부 조력을 받고, 그 내용을 다시 스터디그룹에서 논의했다.

이 논의는 복습과 보완의 역할을 했다.

즉, 전문가나 동료들에게 실적평가서에 대한 의견을 구하고, 그들이 전해준 의견에 대해 우리끼리 다시 토론한 것이다.

이 과정을 통해 최고로 정선된 실적평가서로 마무리하고 제출할 수 있었다.

지금 생각해도 감사한 일이었다.

다양한 관점을 모아야 한다

다양한 관점을 모으기 위해 외부 전문가의 조력을 받았고, 직장 선배, 후배, 동기 등을 통한 인적 네트워크의 구성을 통한 내 자료의 검토도 했다.

또한 스터디그룹에서 전문가 조력이나 동료들의 검토 내용을 매번 자세하게 설명하고, 토론하면서 다듬기를 마감했다.

실적평가 40점 중 15점에 해당하는 서류 평가, 이 점수가 면접 평가 점수로 연계될 수 있다는 이야기를 외부 전문가에게서 들었다.

일리가 있는 말이다.

나도 누구를 만나든, 그에 대한 첫인상이 오래 남기 때문이다.

서면 평가와 면접 평가를 같은 심사관들이 진행한다.

객관성 확보를 위해 여러 노력을 하겠지만, 결국 사람이 하는 일이다.

당연하게도 서면의 선입견이 면접에도 작용할 수 있다.

이런 생각 때문에 다짐했다.

"실적평가서 작성에 최선을 다하고, 다양한 관점을 모아 최고의 보고서를 제출하자"

10년 이상을 교육청의 여기저기서 근무하면서 단체교섭, 각종 위원회, 연수 등 광범위한 업무를 해냈다.

특히, 6년 가까이 고등학교 학생 배치를 담당하

였기 때문에 현황 파악, 문제점과 그 원인 분석, 대안 제시와 세부 추진계획 마련 등에 대해 고민스럽게 여겨본 적이 없었다.

당연히 기획이든 행사든 서류 작성과 설명은 언제 어디서나 시간만 주어진다면 훌륭하게 해낼 수 있다고 여겼다.

3진 아웃 되기 전 마주한 두 번의 역량평가에서도, 평가영역 중 40%를 차지한 기획서 작성에 대해서는 크게 고민하지 않았다.

그러나 2021년 실적평가 대상자로 선정된 나는, 사무관 승진을 위한 마지막 기회라는 생각 때문에 모든 것을 신중하게 접근하기로 했다.

결론을 말하자면, 누구보다 완벽한 실적평가서 도출을 위해서 나는 세 가지의 검토 장벽을 쳤다.

첫 번째는 외부 전문가의 조력이다.
두 번째는 직장 선배, 후배, 동기 등을 통한 인적 네트워크의 구성을 통한 내 자료의 검토다.
세 번째는 스터디그룹에서 전문가 조력이나 동

료들의 검토 내용을 매번 자세하게 설명하고, 토론하며 다듬기를 마감한 것이다.

이렇게 다양한 관점을 실적평가서 작성에 반영하고자 노력했다.

여기서 잠깐!

전제 조건이 있다.

바로, 다른 이의 의견을 수용하고자 하는 마음가짐이다.

누가 어떤 말을 해와도, 나와 다른 그 만의 관점이다.

그가 바라본 시각을 나 스스로 구한 것이다.

자극적이고 충격적인 의견을 제시할수록 나에게 도움이 크다고 생각해야 한다.

서운한 마음이 조금이라도 남아서는 안 된다.

인적 네트워크의 구성이 버겁다고 여길 수 있다.

그러나 함께 근무한 동료들로 구성하면 누구나 가능한 일이다.

자료를 보내기 전 통화를 하거나, 메신저를 이용해 사정을 설명하면서 지원을 요청했다.

나의 동료들은 기다렸다는 듯이 흔쾌히 승낙했다.

네트워크 구성에 있어서도 관점의 다양성 확보를 위해 실적평가 경험자에 국한하지 않았다.

필기시험 합격자, 역량평가를 통한 승진자, 최근 실적평가로 승진한 선배와 동기, 후배들까지 포함했다.

거기에 교육청에서 주무관으로 근무 중인 후배 기수 세 명도 검토서 작성을 요청했다.

교육청에서 같이 근무한 팀장, 주무관들로 구성한 나의 인적 네트워크 규모는 20명에 달했다.

그중에서 두 명 정도를 주 멘토로 역할을 요청했다.

이분들은 실적평가서 작성 기간 내내 적극적으로 협조해주었다.

앞으로도 영영 잊지 못할 감사한 일이다.

실적평가서에 대한 검토의견 요청 양식을 첨부한다.

참고용이다.

최근까지 활용했다.

[1]번 실적평가서 의견	
검토 의견 [다수 가능]	O 제목: 보고서의 첫인상이므로 구체성을 띤 참신한 제목을 찾아야 합니다. O 추진과정 - 무이자 할부계약, 세입증대 등을 추진과정 중심 기술 - 협업을 통한 성과 창출이 중요합니다. 　(독자적인 내 노력을 강조하는 실적은 좋은 평가를 받기 어려워 보입니다) - 세부적인 협업 과정에 대해 서술이 필요합니다. 　업무추진 과정에서 어려웠던 점과 그 해결 과정에서 어떻게 협업했는지 적어보면 좋을 거 같아요. O 추진성과 - 양적 확대 필요(4줄→5~6줄 정도로 확장) - 재정확충과 민원 해소를 양분할 필요 없음
면접 예상 질문 [3개]	1) 발로 뛰는 적극행정을 펼쳤다고 했는데...어떤 면에서 그렇게 하셨는지 구체적으로 설명해 주세요. 2) 본인의 전문성을 발휘한 실적에 대해 말씀해 주세요 3) 재산업무 수행 담당자로서 다른 지원청 담당자보다 탁월한 업무추진 실적이 있는지 말씀해 주세요
기타 의견	O 보고서는 제출하는 마지막 순간까지 수백 번 읽어보고 탈고하여 최고의 작품으로 제출하시기 바랍니다.

☞ 바쁘신 와중에도 소중한 의견을 주셔서 감사합니다.

　다양한 관점을 모으는 것도 중요하지만, 더 중요한 점은 활용이다.

　나는 앞서 제시한 바와 같이 스터디그룹을 통한 설명과 토론으로 이어갔다.

　물론, 스터디그룹에 대한 부정적인 견해를 가진 분들도 있다.

그러나 양질의 실적평가서 작성이란 측면에서 우리의 경우는 활용도가 매우 높았다.

외부 전문가와 동료들의 다양한 관점을 모았고, 스터디그룹에서의 치열한 토론과 합의가 있었기에 그해 가을 우리의 성과는 이상한 것이 아니었다.
당연한 결실이었다.

다시 한번 함께 해준 동료들에게 머리 숙여 감사 인사를 드린다.

제4부 승자의 면접 대처법

❑ 실적평가서를 **빠르게** 숙지하다

❑ 협력을 말하다

❑ 두괄식으로 답변하다

❑ 정답을 제시하다

실적평가서를 빠르게 숙지하다

실적평가에 응시하는 수험생은 최대한 빠른 시간에 자신의 성과들을 완벽에 가깝도록 숙지해야 한다.

실적평가서의 반복된 낭독, 실적 시나리오 작성, 녹음, 듣기로 빠르게 숙지했다.

언제부터인지 암기에 자신이 없고, 무엇인가를 외워야 한다는 생각도 부담스럽기 그지없다.

'나이 탓일까?'

'그럴 거야!' 암기가 안 되니 그렇게 생각했다.

면접 평가를 대비해 우리가 공부할 실적평가서는 극도로 축약된 일종의 보고서 형식이다.

그러다 보니 내용 자체가 몹시 난해하다.

딱딱하고 연결성도 없다.

5월쯤인 것으로 기억한다.

스터디그룹에서 토론하면서 한 말이다.

"면접 평가장에 들어갈 때, 본인의 실적평가서와 자료를 가지고 갈 수 있도록 인사팀에 건의하겠다.

나이도 있고 해서, 실적을 모두 외워서 답변한다는 것이 너무 힘들다.

자신의 실적인데, 못 가지고 갈 이유가 없다."

그러나 나는 그해의 승진 시험이 마칠 때까지 건의하지 않았다.

수험을 준비하면서 생각이 바뀌었다.

7월 중순 이후, 나의 실적평가서는 제목을 제외하고 거의 마무리 단계에 접어들었다.

그러면서, '이제 어떻게 하면, 내 성과들을 숙지할 수 있을 것인가?'에 대해 생각하기 시작했다.

우선, 암기를 염두에 두지 말고, 많이 읽어보자고 마음을 다졌다.

8월 첫 주, 여름휴가를 냈다.

집에서 종일토록 실적평가서 1번에서 3번까지 소리를 내서 읽고 또 읽었다.

주말을 포함해 9일 동안 새벽부터 잠자리에 들기 전까지 몇십 번을 읽었다.

읽는 과정에서 자연스럽게 문맥이 맞지 않은 부분들이 발견되었다.

즉시 수정했다.

휴가를 마치고 사무실에 출근하면서도 시간만 나면 실적평가서를 처음부터 끝까지 계속 읽었다.

9월 초 사이버 평가가 있는 날, 놀라운 나 자신을 발견했다.

시험 문제를 빠르게 풀고 나니, 1시간 정도가 남았다.

뭘 할까 생각하다가, 그동안 읽어 온 실적평가서를 시험지 뒷장에 펜으로 적기 시작했다.

적다 보니, 1번부터 3번 실적평가서까지 모조리 옮길 수 있었다.

스스로 놀라움을 금치 못했다.

"아~, 나도 암기가 되는구나! 바로 이것이구나"라고 감탄하면서 사이버 평가장을 나왔다.

소리 내어 읽기와 동시에 실적 시나리오 작성과 녹음도 병행했다.

산안팀 실적 시나리오(10분)

'산업안전보건 인프라 구축 등 1인 3역으로
산재예방 시동을 걸다'에 대한
추진배경을 말씀드리겠습니다.

추진배경은 산업안전보건법 개정과
갈등 극복 노력 등
두 가지입니다.

2020. 1. 16.부터 학교 등 교육현장에
산업안전보건법이 최초로 전면 적용됨에 따라
학교 등에도 산업재해 예방체제가 필요하게

되었습니다.

또한, 법령 적용으로
현업종사자에 대한 산재예방교육,
관리감독자 지정 의무 등으로
교육청과 노동조합 간의 갈등이
전국적으로 증폭되었습니다.

이러한 법 개정에 따른
산재 예방체제의 구축 필요성,
공무직 노조 및 전교조 등
노동조합과의 갈등 해소를 위한
업무를 추진하게 되었습니다.

<이하 내용 중략>

시나리오를 처음 작성할 때는 시간이 좀 걸렸다.
개조식으로 작성된 실적평가서를 문맥이 자연스럽게 이어지도록 다시 썼기 때문이다.
내용이 수정될 때마다 이 시나리오도 수정했다.

시나리오의 녹음과 활용 안내이다.
새벽에 기상과 함께 서재로 향한다.
책상에 앉아 스마트폰을 켜고, 녹음을 시작한다.

녹음을 마치면 그 자리에서 다시 들어본다.

안 들리거나 문맥이 원활하지 않으면 삭제하고 다시 녹음을 진행한다.

8월부터 시작했다.

주말을 포함하여 거의 매일 새롭게 녹음했다.

녹음 과정 자체를 말하기 연습이라 생각했기 때문이다.

출근과 퇴근하면서, 사무실 도착 전 교육청 인근의 공원을 산책할 때, 퇴근 이후 아파트 근처에서 걸을 때도 녹음 파일을 들었다.

잠자리에 들기 전에는 반드시 파일 삭제 버튼을 눌렀다.

아침에 새로운 녹음을 하기 위해서다.

스터디그룹에서 실적 시나리오에 대해서 여러 번 논의했다.

내가 진행한 방식을 자세히 설명해 드렸다.

그러나 후에 확인해보니, 다른 사람들은 실적 시나리오를 활용하지 않았다.

실적 시나리오 작성에 부담이 컸다고 말했다.

실적 시나리오 활용으로 얻은 점은 두 가지다.

첫 번째는 성과에 대한 완벽한 숙지다.
앞서 언급한 소리 내어 읽기도 있지만, 매일 새로운 녹음을 위해서 거의 정독에 가깝게 읽어야 한다.
녹음 횟수가 증가하면서 자연스럽게 내용에 대한 숙지도 한결 수월해졌다.

두 번째는 말하기 연습이다.
발음의 정확도, 말할 때 목소리의 강약, 문장 끊어 읽기 등을 직접 확인할 수 있다.
매일 새롭게 녹음을 진행함으로써 말하기 훈련도 함께 병행된 것이다.
소리 내어 읽기와 실적 시나리오 두 가지 방법을 통해, 9월 이후부터 누가, 언제, 어떤 내용을 물어도 막힘없이 답변할 수 있는 상태에 이르렀다.

최근 승진 시험에서 수험생 다섯 명에 대해 모의 평가장을 마련하여 지원했다.
이 과정에서 확인했다.

본인의 성과지만, 시험이 얼마 남지 않은 상황에서도, 충분하게 내용을 숙지한 사람이 많지 않다는 사실이다.

실적평가에 응시하는 수험생은 최대한 **빠른** 시간에 자신의 성과들을 완벽에 가깝도록 숙지해야 한다.
숙지가 선행되어야 당일 실전 면접장에서 막힘 없이 답변할 수 있을 것이기 때문이다.

협력을 말하다

심사관이 듣고 싶은 말, 그것은 협력이다.

학부모와 교직원, 옆자리 직원, 다른 부서나 기관 등과 협력한 사례를 존중하고 말해야 한다.

인천교육청은 면접 평가영역을 다섯 가지로 정해놓았다.

그리고 그 옆에 평가 착안 사항도 자세히 기술했다.

평가영역은 조정통합 및 관리능력, 인성과 소통, 업무추진 전문성, 책임성 및 협력성, 성실성 및 적극적 업무태도 등이다.

이러한 개별적인 평가영역에 충실한 답변을 준비한다는 것은 어려운 일이다.

그래서 수험생들에게 협력을 말하라고 한결같이 주장을 해왔다.

협력 과정 등을 말하면, 평가영역 여러 부분에 걸쳐 긍정적 관점을 심사관에게 어필할 수 있다.

면접 평가를 준비하면서 멘토를 해준 한 분은 타 시·도 교육청의 심사관으로 여러 번 참여했다.

그분이 나에게 해준 조언 중 가장 기억에 남는 말이 있다.

"심사장에 앉아서 질문에 답변하는 사람들은 한결같이 자기가 다 했다고 말한다.

자기 혼자서 할 수 있는 일이 우리 사회에 있기는 한 것인가요?

무조건 협력을 말하세요"

그 말을 처음 들었을 때, 공감이 크게 되지는 않았다.

어느 날, 스터디그룹 동료와 함께 묻고 답하기를 본격적으로 시작하면서 '협력 또는 협업'이란 단어가 새롭게 느껴진 계기가 있었다.

전입학알리미와 관련된 질문에 대한 나의 답변에서, 협력 사례를 구체적으로 말했다.

들어준 이가 너무 좋았다는 것이다.

나와 동료는 이것을 기회로 모든 질문에 협력을 말하기 시작했다.

면접 당일, 노무 업무의 질문과 답변이다.

질문) 단체협약 내용 중 기억나는 성과에 대해 말해라.

답변) 단체협약 내용 중 기억나는 성과는 단체협약 제1조 총칙입니다.

기존 교육감 소속 공무원에게 적용한다는 것을 공무원이 아닌 근로자로 수정해달라는 요구가 있었습니다.

　이 요구를 들어줄 경우, 학교 등 교육 현장에 근무하는 모든 근로자에게 협약이 확대 적용되어 매우 부담스러웠습니다.

　예를 들자면, 방역 도우미와 파견 근로자 등에게 적용될 수 있습니다.
　그러할 경우 현장의 어려움을 크게 일으킬 수 있는 문제로 연결됩니다.

　사업부서 직원들과 협력하여 기존 조항을 유지하도록 노력하여 관철한 사례가 있었습니다.
　(너무 짧은 시간의 답변 완료란 생각)

　추가로 한 가지 답변을 더 드리겠습니다.
　직종별 단체협약 체결을 위한 추진계획을 수립하던 중 교육감 설명회를 기획한 바 있습니다.
　교육감이 직관하는 자리에서 근로자들의 요구사항을 분석하고, 수용 여부를 사업부서 팀장들이 발제하도록 하였습니다.

이 설명회는 당시 지지부진하던 협약 추진이 획기적으로 발전되는 계기가 되었습니다.
이러한 과정에서 다소 과도했던 요구사항들의 수용에 사업부서 어려움이 매우 컸습니다.

그러나 사업부서에서 적극적인 검토로 최종 단체협약에 이를 수 있었습니다.

지금도 가끔 생각합니다.
당시 함께했던 사업부서 동료들에게 감사하고, 그분들의 노력과 헌신이 있었기에 협약체결은 물론, 교육 현장의 혼란 방지와 근로자들의 복지향상을 견인할 수 있었습니다.

위에서 두 가지 요소를 말하고 싶다.
첫 번째는 협력 중심으로 답변했다는 점이다.
두 번째는 추가 답변으로 적극적인 업무처리 태도를 표현한 것이다.

산업안전보건 업무에 대한 답변이다.

질문) 관리감독자 지정 과정의 어려움과 해소
　　　과정에 대해 말해라.

답변) 산업안전보건법상의 관리감독자 지정에
많은 어려움이 있었습니다.
　내가 어떻게 할 것인가보다는 관련되신 분들
을 모아 협의를 통해 문제를 해결하려고 노력했
습니다.

　중요한 점은 구성원들의 대표성 확보라고 생각
했습니다.
　이을 위해 교직원 노조, 근로자 대표, 행정실
장 협의회, 자율장학 협의회 등에 요청하여 구
성원을 추천받아 협의체 '다람'을 구성했습니다.

　총 4회의 난상토론을 거쳤고, 마침내 합의에
도달했습니다.
　관리감독자로 교장, 업무담당자로 영양교사와
행정실장을 지정하였습니다.

　공문 시행 후 여러 불평과 불만이 제기되었으
나, 교장, 교감, 행정실장, 근로자, 노조 대표

등이 폭넓게 참여하여 합의한 사항임을 강조함
으로써 문제를 해결해 나갈 수 있었습니다.

그 과정에서 함께 해준 교직원들에게 지금까지
도 감사한 마음을 가지고 있고, 그분들이 노력
해준 덕분에 인천에서는 관리감독자 지정 문제
가 해결되었습니다.

참으로 다행스럽고 감사한 일이라 생각합니다.
문제를 해결해 가는 방법으로 협의체 또는
TF팀의 구성과 운영을 직접 경험한 사례였고,
향후 업무추진 과정에서 비슷한 문제가 발생한
다면, 이러한 경험을 적용할 수 있다고 생각합
니다.

역시, 협력과 감사의 마음을 말로 표현했다.

학생 배치업무의 질문과 답변이다.

질문) 전입학알리미의 신설 과정에서 어려움과
　　　해소 방법에 대해 말해라.
답변) 전입학알리미는 10년 전 중등교육과에서
근무하던 시절에 이룩한 저의 성과입니다.

현재까지도 교육청 홈페이지에서 운영되고 있음을 확인하고, 면접에 참여하였습니다.

여러 실적 중에서 개인적으로 오랜 기간 자부심을 간직한 실적입니다.

한편으로는 당시 시스템 구축 예산이 없어 어려움을 겪고 있었을 때, 흔쾌히 다른 사업비의 사용을 허락해 준 동료 장학사님이 있었습니다.

또, 전문성이 요구된 시스템 구축에서 적극적으로 협력해 준 전산팀의 동료 직원의 지원이 있었기에 가능한 일이었습니다.

이분들께 지금까지도 감사한 마음을 간직하고 있습니다.

지금까지 그래 왔듯이, 앞으로도 어떤 사업을 할 때는 동료 선·후배님들의 조언과 협력을 먼저 생각하면서 추진하겠습니다.

마찬가지로 협력과 감사를 말했다.

스터디그룹을 함께 한 동료도 면접 당일, 나와

비슷하게 협력적 측면을 강조했다고 한다.

그분도 사무관 승진 시험 합격이라는 성과를 함께 창출하였다.

내가 물심양면으로 지원했던 최근 승진 시험 합격자에게도, 시험이 종료된 직후에 질문과 답변 내용을 자세히 물어보았다.

합격한 분의 대답이다.

"준비한 만큼 충분한 답변을 하지 못했다.

그러나 업무성과에 대한 동료들의 도움, 지역사회 또는 교육 가족의 협력에 대해서만큼은 사무관님이 말씀하신 대로 열심히 답변했다"라고 한다.

이러한 결과들을 두고 볼 때, 면접장에서 해야할 중요한 말 중 하나는 협력이라고 확신한다.

두괄식으로 답변하다

　면접에서 성공하려면 어떤 경우에도 두괄식 답변을 해야 한다.

면접의 성패 여부는 근엄하게 앉아있는 심사관을 대하는 수험자의 첫인상에 달려있다.

긍정적이면서도 강렬한 첫인상을 주고 싶다면, 두괄식 답변을 해야 한다.

두괄식의 사전적 의미는 '글의 첫머리에 중심 내용이 오는 산문 구성 방식'이라고 한다.

즉, 두괄식이란 단어는 문학에서 글쓰기에 활용되는 명사이다.

학교에 다닐 때 국어 시간에 배운 기억이 있다.

글쓰기뿐만 아니라 말하기 또는 면접장에서도 두괄식 언어를 구사해야 한다.

심사관의 관심을 끌어 오기에는 이보다 더 좋은 방법이 없기 때문이다.

경험한 바에 따르면, '두괄식으로 답변해야지'하는 마음만으로는 현장에서 실현되지 않는다.

답변 방식이 수험자의 몸에 완벽하게 녹아들어야 가능하다.

즉, 반복적인 묻고 답하기로 두괄식 답변을 훈련해야 한다.

그래야만 면접 당일에 어떤 문제가 출제되어도 두괄식으로 포문을 열 수 있다.

두괄식 답변의 사례를 들어본다.

질문) 자문 노무사 운영을 통한 일선 현장 지원이 필요한가요? 자문 내용은 어떤 것들이 있나요?

답변) 답변드리겠습니다.

현장 지원은 필요합니다. 자문 내용은 최근 파악한 사례를 들어 자세히 설명드리겠습니다.

우선, 학교 등 교육 현장의 근로자 채용, 산재, 복무 등과 관련한 고충 상담을 위해 교육청에서 운영하는 자문 노무사의 지원은 매우 필요한 실정이라고 생각합니다.

자문의 실적은 사업 시행 초기라서 생각보다 활발하지는 않습니다.

최근에 자문 노무사의 이용 실태에 대한 공문을 시행하여 파악한 바가 있습니다.

취합한 결과, 학교에서 2건, 교육청에서 6건 등 총 8건의 상담 사례가 있었습니다.

아울러, 산업안전보건 업무와 관련하여, 현장 지원을 위한 강사로 활용한 사례도 4건이 있습니다.

학교의 활용 사례 하나를 좀 더 세부적으로 말씀드리겠습니다.

어떤 과학고에서는 학생들의 승선 실습 시간에 대한 자문을 요청해왔습니다.

즉, 학교 측의 승선 실습 7시간을 8시간으로 조정해도 되는지 물어온 것이었습니다.

자문 노무사는 선박직원법 제21조 해기사 실습생의 승선 실습 조항과,

해양수산부의 고시 등에 의해 8시간을 적용해도 위법이 없음을 확인해 주었습니다.

이상 답변드렸습니다. 감사합니다.

두괄식 답변은 질문에 대해 즉각적이고 직설적인 의사 표명이다.

위의 사례처럼, 설명을 요구하는 질문에 한두 마디로 요약해 답변하기는 쉽지 않다.

그러나 수험자는 포괄적인 표현을 써서라도 두괄식으로 답변해야 한다.

답변에서, 현장 지원의 필요성을 처음부터 구구절절이 설명해간다면,

전날부터 실적평가 준비 등의 피로에 찌들어 있는 심사관의 집중력을 불러일으키기 어려울 것이다.

유의할 점은 사인에 따라 유연하게 대처해야 한다는 점이다.

즉, 두괄식으로 답변할 수 있을 경우라면, 그렇게 해야 한다.

반면, 도저히 두괄식으로 답변하기 어려운 경우에는 간단명료하게 말해야 한다.

'문제점을 짚어내고, 해소 방안을 제시하라'라는 유형은 두괄식 답변이 수월하다.

"문제점은 세 가지가 있고, 그중 핵심 문제는 이것입니다.

해소 방안으로 이것을 제시합니다"라고 명쾌하게 답변할 수 있다.

이어서 문제점을 구체적으로 설명하되, 문제점보다는 해소 방안에 답변 시간을 더 배분한다.

스터디그룹 맴버(member)와 하루에 한 번 이상 수행한 묻고 답하기에서, 두괄식 답변에 대해 거의 매일 체크를 했었다.

처음에는 미숙했고, 잘 안되었다.

두괄식 답변보다는 스토리텔링, 즉, 상황이나 배경, 문제점과 해소 방안, 그 이후의 변화 등을 말하는데 더 익숙했다.

그러나 지속적인 연습으로 어느 날부터는 두괄식 답변이 당연하게 여겨질 정도로 체화되었다.

어떤 물음에도 가능한 상태에 이르렀다.

최근 승진 시험 대상자들과 진행한 모의평가 상황에서도 두괄식 답변을 여러 번 강조했다.

그런데도 상당수가 두괄식 답변을 제대로 구사하지 못했다.

누구나 압박감과 긴장감이 흐르는 평가장에서 머릿속으로 두괄식 답변을 찾아가면서 여유롭게 답변하기는 쉽지 않다.

그래서 오랜 시간의 연습과 훈련이 필요하다.

승진 시험 종료 후, 확인한 결과에서도 여러 명이 두괄식 답변을 제대로 하지 못했다고 답변했다.

이유도 여러 가지였다.

'질문이 길었다, 답변 요소가 몇 개나 되었다. 방안을 말하려는데 적당한 두괄식 단어가 떠오르지 않았다' 등등

그러나 수험생이라면 어렵더라도, 어떤 경우에도 두괄식 답변을 할 수 있어야 한다.

두괄식 답변이야말로 면접의 고득점을 위한 가장 빠른 지름길이기 때문이다.

정답을 제시하다

수험자는 질문에 정확하게 답변해야 한다.

승진평가 면접장에서 수험생들이 범하기 쉬운 실수들이 있다.

첫 번째, 문제를 정확하게 파악하지 못하는 경우이다.

면접 문제를 출제하는 심사관 성향 또는 주관 부서의 면접 문제 출제 방침 등에 따라 문제 유형이 달라질 수 있다.

수험자를 배려하려고 면접 문제를 누구나 이해할 수 있도록 쉽게 출제할 수 있다.

즉, 짧고 간결한 질문일 수 있다.

이런 경우는 정답 제시에 어려움이 없다.

그러나 어떤 경우에는 제출한 실적평가서 내용을 제목부터 길게 설명하면서, 실제 질문은 서술문 뒤쪽에서 언급하는 방식도 있을 수 있다.

이때는 앞쪽 내용을 듣다가 집중력을 잃어버리거나, 문제가 눈과 귀에 들어오지 않을 수 있다.

이 경우에도, 수험자는 집중력을 잃지 않고 요구하는 문제를 정확하고 빠른 시간에 파악해야 한다.

답변도 문제에 적합하게 이루어져야 한다.

두 번째, 질문지의 내용이 양적으로 많으면서 질문이 3~4개 이상일 때, 답변 요소를 생략하는 사례다.

정답의 의미가 무엇인가?

질문지에 대해 순서대로 모두 답을 해야 한다.

최근에 있었던 사무관 승진 시험 수험자와 통화하며 들었던 내용이다.

답변 요소가 무려 다섯 개나 되는 문제가 있었다고 한다.

두괄식으로 모두 답변했느냐는 나의 물음에 그의 대답은 의외였다.

'두괄식으로 답변할 수 없는 문제였다. 거기다가 시간이 부족하다고 생각하면서 마지막 답변을 하지 않고 다음 문제로 넘어갔'라고 말했다.

그러면서도 '면접은 잘 보았다'라고 말하는 모습에서 좀 어리둥절했다.

그의 대답을 들으며, 나와는 다른 관점으로 시험을 바라볼 수 있다고 생각하며 지나쳤다.

그러나 아무리 답변을 훌륭하게 마무리했다고

해도, 질문지 수에 맞지 않게 부족한 답변을 했다면, 승진자 대열에 합류하기는 쉽지 않을 것이다.

세 번째는 질문과 아예 다른 답변을 하는 실수다.
최근에 개인적으로 경험한 사례다.
면접 평가를 이틀 앞둔 시점이었다.
사무관 동기와 함께 준비한 최종 면접 대비 모의평가를, 실제 면접장과 같은 형식과 절차로 진행하였다.

대상자에게 하나의 성과에 대하여 두 가지를 질문하였다.
질문 내용도 다소 길었다.
앞쪽에서 사업추진의 배경, 문제점과 성과 등을 설명하고, 두 개의 질문을 서술문 뒤쪽에 배치한 형태였다.
첫 질문의 답변은 무리가 없었다.
그런데 두 번째 질문에 대해서는 전혀 다른 내용으로 열심히 답변했다.
수험자의 긴장으로 집중력이 흐트러진 결과였다.
시험 직전 상황이라서 당사자의 사기도 매우 중요하다고 생각했다.

그래서 강평 시간에 지적하지 않았다.

모의평가를 마친 후, 따로 설명해드렸다.

나의 설명을 듣고 나서야, 잘못된 답변이었음을 인지했다.

실제 상황이라면 좋은 점수를 받기 어려웠을 것이다.

앞서 제시한 실수 사례가 있어선 안 된다.

'실수는 말 그대로 실수다'라며 사소하게 넘길 수도 있다.

그러나 나처럼 3진 아웃에 처한 상황이라면, 대체할 수 없는 치명적인 결과로 이어질 수 있다.

면접장의 실수를 없애려면, 시험 상황에서 집중력을 최대로 발휘해야 한다.

분위기 자체에서 과도한 긴장감이 흐르지만, 수험자는 최고의 집중력을 유지해야 한다.

단, 0.001초도 놓쳐서는 안 된다.

시험 상황에 집중하지 못하는 수험자는 어떤 경우에도 좋은 성과를 내기 어렵다.

두 번의 역량평가에서 실패하고 나서 터득한,

시험장 행동 요령 중 제1번 수칙이다.

제5부 굳히기 전략

□ 충분한 예상 질문의 준비

□ 불편한 지적에도 긍정적 관점 유지

□ 다섯 개의 비책

충분한 예상 질문의 준비

실적평가서에서 예측이 가능한 모든 질문을 만들고, 답안을 말해 봐야 한다.

승진 시험의 성공을 꿈꾸는 수험자는 최종 면접 평가에서 월등한 점수를 소망한다.

누구나 가능하다.

이 책에서 요구한 대로 성실하게 따라만 할 수 있다면, 누구라도 면접 평가에서 최고의 득점을 받을 것이라 확신한다.

면접에 대한 다양한 노력과 함께, 좀 더 철저하게 대응해서 일말의 후회도 남지 않도록 준비하자고 스터디그룹에서 자주 주장했다.

시험 전날까지 함께 노력한 두 분도 나 못지않게 절박한 상황인지라, 이견은 없었다.

예상 질문과 답변 작성에 공을 많이 들였다.

제출한 실적평가서에서 예측이 가능한 모든 질문을 만들어 보고 싶었다.

물론 그에 대한 정답 작성도 함께다.

그래서 실적평가서 한 개에 거의 100개 정도의 질문과 답변을 작성했다.

내용이 많아 실적 시나리오와 함께 책으로 묶어서 들고 다녔다.

통상적인 문제 유형을 적어본다.

1. 문제점과 그 원인은?
2. 전문성을 발휘한 점은?
3. 창의력을 업무에 접목한 실적은?
4. 갈등 극복 과정을 설명하라.
5. 타 시도 상황과 비교하여 설명하라.
6. 다른 직원과 차별화한 지점은 무엇인가?
7. 행정적 부담 감소를 위해 노력한 것은?
8. 가장 어려웠던 점은 무엇인가?
9. 성과와 미흡했던 점을 설명하라.
10. 사업 중 다른 사람, 부서와 협력한 사례는?

제출한 실적평가서마다 위에 제시한 10개의 물음에 대해 각각 답변을 만들어 보고, 묻고 답하기에 활용한다면 기본적인 준비는 된 것이다.

아울러, 실적평가서의 성과에 대해 어떤 방식으로 물어도, 타 시도 현황, 언론 보도자료 등을 포함하여 유연한 답변이 가능하도록 자세한 내용을 숙지해야 한다.

최근에 진행한 면접 모의평가 질문지이다.

참고자료로 제시한다.

1. 귀하는 계약담당자로서 전국 최초로 계약서류 간소화를 추진하여 업체와 계약담당자 모두를 만족시켰습니다.

귀하의 계약서류 간소화 업무추진 중, 귀하의 전문성을 활용한 실적 하나, 다른 직원과 차별화된 실적 하나를 각각 설명해 주시기 바랍니다. (5분)

2. 귀하는 선제적 제도 도입으로 불법 하도급 및 임금체불을 조기에 근절시키셨습니다.

귀하께서 선제적으로 도입한 임금체불 근절방안의 핵심적 문제가 무엇이었으며, 이 문제의 해소과정에서 귀하가 어떤 역할을 했는지 말씀해 주시기 바랍니다. (5분)

3. 귀하는 불용액을 최소화하고 시설격차를 해소하여 수요자 중심의 행정을 실현하셨습니다.

귀하는 불용액 최소화 성과에서, 귀하의 근무기간보다 많은 9년간의 평균 금액을 제시한 이유는 무엇이며, 불용액 최소화를 위해서 회계업무를 잘 모르는 교원들의 적극적인 관심과 협력

을 어떻게 유인했는지 말씀해 주시기 바랍니다. (5분)

수험을 준비하면서, 실적평가서와 관련된 어떤 질문이 출제되어도 나는 답변이 가능하다고 생각했다.

그 정도로 다양하고 폭넓게 준비한 것이다.

최근의 승진 시험 끝에 합격자 명단에 들어간 동료 직원에게 물었다.

"질문이 예상한 내용에서 출제되었나요?"

그분은 당연하다는 듯이 답변했다.

"제가 미리 준비한 질문이었습니다"

답변을 잘하려면, 준비된 답변이어야 한다는 것을 보여준다.

2022년도 승진 시험에서 출제된 면접 문제를 키워드 중심으로 정리했다.

실제 문제는 실적평가서의 내용과 성과 등이 4~5줄 정도 길게 서술되면서, 질문이 제시되었다고 한다.

면접 준비에 참고할 만하다.

A-1. 계약서류 간소화 전의 문제점과 해결 과정
A-2. 불용액 최소화 시 문제점과 해결 과정
A-3. 임금체불 갈등의 해결 과정

B-1. 청렴도 향상, 사례 위주로 설명
B-2. 사립유치원 혈세 누수 차단 시 어려웠던 점
B-3. 개교업무 추진 시 협업 사례

C-1. 도시형 통합학교의 의미와 추진과정
C-2. 총액 배분제 도입배경, 조정된 부서의 대응
C-3. 실무 수습 제도 도입 이유와 운영 상황

D-1. 통합학교 추진의 어려웠던 점과 개선된 점
D-2. 사학 지원 예산의 환수를 위한 소통과정
D-3. 언텍트 감사 시의 보완할 점과 발전 방향

이런 형태의 질문은 비교적 어렵지 않다.
물론 충분히 준비했을 것을 전제한 의견이다.

시험을 마친 후 통화를 한 직원들 대부분은 면

접 시에 '답변을 잘했다'라고 말했다.

아마도 질문지의 형식이나 내용이 누구나 이해할 수 있을 정도로 쉽게 출제된 이유라고 추정한다.

응시자 대부분이 그렇게 쉽게 이해했다고 해도, 결과적으로 합격자 명단은 정해졌다.

예상 질문과 답변을 충실히 준비했고, 그 결과를 반영한 20분간의 답변이 심사관에게 진한 감동을 주었다면, 누구든지 승진자 명단에 포함되었을 것이다.

불편한 지적에도 긍정적 관점 유지

　나의 소중한 성과를 비난하거나 지적하는 듯한 질문도 있다.
　사전 훈련으로 준비해야 한다.

면접 시험장에서 비판적이고 부정적인 질문을 듣기도 한다.

이때 수험자 답변은 심사관의 지적에 긍정 또는 인정하는 것으로 시작해야 한다.

면접을 준비하면서, 스터디그룹을 함께 한 동료와 묻고 답하기를 여러 차례 진행했다.

매일 만나면서 질문 유형도 점차 다양화되었다.

처음 얼마 동안은 통상적인 질문 중심이었다.

즉, 사업추진 중의 갈등이 무엇이었고 어떻게 해소했는지, 문제점은 무엇이고 어떻게 해소했나, 성과 도출을 위해 어떤 역할을 했는지 등이다.

이러한 유형으로 묻고 답하기를 계속하다가, 어느 날 질문지에 비판적인 의견을 포함하였다.

함께 한 파트너는 처음 본 문제 유형에 다소 당황하는 모습을 보였다.

내 실적평가서에 대한 것이다.

비판적이고 부정적인 의견이 포함된 질문이며, 미리 준비한 답변 내용이다.

이러한 질문 유형도 있다는 것을 참고 바란다.

질문 1. 서해5도 중·고의 학급 기준 완화를 통해 해당 지역의 교육여건은 좋아지겠습니다만, 이것을 이유로 도심의 과밀학급, 교원 부족 등 교육여건이 악화하는 일은 없겠습니까?

답변) 심사관님의 지적과 우려에 공감, 그러나 서해5도의 학급 기준 완화는 서해5도 특별지원법 제15조에 근거한 교육지원 차원에서 추진한 내용으로 북한과의 접경지역이라는 측면을 고려함

질문 2. 공무직 노조의 교섭 요구와 함께 집회·시위가 계속되고 교육감이 부재중이라 위기 상황으로 파악하셨는데 새로운 교육감 취임 후 집중 교섭을 하는 것으로 교섭기준을 정하신 것은 교섭을 장기간 뒤로 미룬 결정이 아닙니까?

답변) 지적 내용에 공감, 그러나 막대한 재정이 소요되는 협약체결에 대한 부담감이 큰 것도 사실임, 권한대행 결재권자인 부교육감도 협약체결을 원하지 않은 상황 등을 고려

질문 3) **협의체 다람**을 구성해서 운영하셨는데 회의 **횟수**가 너무 적어서 내실 있는 결과가 도출되기는 어려웠을 것 같다는 생각이 드는데요?
답변) 심사관님의 우려에 공감, 코로나 상황을 고려, 경험상 때로는 3~4회 정도 회의하면 충분한 경우도 있음, 사전연수, 열정, 주제 등이 성공 요인

비판이나 부정적인 언사에 순간적으로 당황하여 변명하거나, '나는 그렇게 생각하지 않는다'라며, 강하게 본인의 입장을 설명할 수 있다.
이런 자세는 결코 좋은 평가를 받을 수 없다.

수험자는 면접 평가를 받는 사람이라는 사실을 잊어서는 안 된다.
비판이든, 부정하는 듯한 말이든 어떤 유형의 질문에도 긍정적인 관점을 유지해야 한다.

위 표의 예시와 같이, '심사관님의 날카로운 지적에 공감합니다.
그러나 저는 다른 관점을 가지고 이 문제를 바라보았습니다'라는 식의 답변이 필요하다.
이러한 긍정적인 답변은 연습이 수반되어야 현

장에서 제대로 반응할 수 있다.

사람은 감정의 동물이다.

누군가에게 지적당하거나 비난받으면 순간적으로 감정이 올라올 수 있다.

감정적으로 반응하지 않기 위해서는 그러한 상황을 가정한 질문을 만들고, 미리 답변을 해보는 연습이 필요하다.

다음은 승진 시험을 준비하기 전 전년도 응시자에게 들은 이야기다.

'당일 수험장에서 면접관 세 명 중 두 명이나 나에게 관심이 전혀 없어 보여서 기분이 나빴다.

한 분은 딴 곳을 바라보고 있고, 다른 한 명은 고개를 숙이고 자기 일을 보고 있었다.

마지막 자리에 앉으신 한 분만이 나에게 질의하고, 듣고 있었다. 기분이 몹시 상했다.'

그 말을 들으면서, 내가 역량평가 준비를 위해 다니던 학원에서 들은 이야기가 떠오른 것이다.

'면접장에서 어떤 경우에도 심사관의 태도에 흔들리지 말아야 한다'라는 것이다.

이런 장면은 심사관들의 사전 모임을 통한 연출일 수 있다.

누군가는, 일부러 그렇게까지 할 이유가 있느냐고 반문할 수도 있다.

그러나 수험자는 모든 상황에 대비해야 한다.

얼마든지 가능한 상황이다.

그런 분위기에 반응하는 수험자의 태도 등을 평가에 반영할 수 있기 때문이다.

나는 스터디그룹에서 토론과 협의를 진행하면서, 이러한 상황에 대해서도 충분히 준비했다.

다행인지 모르겠으나, 면접 당일 심사관 세 분 모두는 질문을 시작할 때부터 답변을 마치고 돌아서 나올 때까지 눈맞춤을 유지해 주었다.

다섯 개의 비책

멘토 구하기, 사람 탓 대신에 제도와 환경으로 치환하기, 자랑보다는 협력 중심으로 답변하기가 필요하다.

말하기에서는 3.3.3 기법과 '다요' 화법을 활용해야 한다.

수험자의 마음가짐으로 '호흡, 겸손, 감사, 진정, 적극'이란 다섯 가지를 추가한다.

1) 멘토

2월부터 10월 초까지 약 여덟 달의 실적평가 준비에서 가장 효과적인 방법의 하나가 멘토의 지정과 활용이다.

전년도 합격자와 진행한 사전 인터뷰를 통해서도 들은 바가 있었다.

나도 두 명의 멘토를 통해 큰 도움을 받았다.

2022년 이번 해의 사무관 승진 시험에서는 여러분에게 멘토로서 역할을 했다.

그중 합격자 명단에 두 분이 포함되어 보람도 있었다.

선배, 후배, 동기 등 동료들에게 멘토를 해달라고 요청할 때, 내가 가진 부담감도 없지 않았다.

그러나 대부분은 요청받자마자 수락해주었다.

나 또한 수험자의 멘토 요청을 받았을 때, 큰 고민 없이, 기꺼이 도움을 드리겠다고 밝혔다.

멘토를 누구에게 요청할 것인가?
두 가지 조건을 제시할 수 있다.

첫 번째, 다소 긴 기간에 꾸준한 관심을 가지고 도움을 줄 수 있는 여건이 되는 사람이어야 한다.

즉, 개인적으로 복잡하고 바쁜 일상이 예정된 분은 부탁해도 수용하기 어려울 것이다.

두 번째, 타 시·도의 심사관으로서 경험을 가진 사람이면 더 큰 역할을 기대할 수 있다.

그러나 심사관 경험을 가진 분이 많지도 않거니와, 필수적으로 요구되는 조건도 아니다.

멘토의 성격, 성향, 성별 등 각종 요건을 요모조모 따져가며, 가릴 필요까지 없다.

친분이나 안면이 있고, 도움을 주겠다는 마음만 있으면 된다.

왜냐하면 실적평가서든 면접이든, 내가 제시한 내용이나 답변에 대하여 적극적인 의견을 제시해주면 충분하기 때문이다.

물론, 당사자의 허락을 전제로 한다.

2) NO 사람 탓. 제도와 환경을 말하라

면접 상황에서 사람을 탓하거나 문제시하는

듯한 질문을 받을 경우의 대처 방법이다.

사람을 탓하는 답변은 변명처럼 들린다.
고득점을 받기 위해서는 전략이 필요하다.
즉, 사람 탓 대신에 법령, 제도, 업무환경 등의 부족 등으로 답변한다.
예를 들자면, '전임자가 후속 조치를 제대로 하지 않아, 후임자인 내가 큰 고생을 했다'라는 식의 답변은 지양해야 한다.

'담당 직원의 업무 분담이 불투명했고, 법령과 제도도 제대로 갖춰지지 않았다.
내가 업무를 받은 이후부터 제도적 환경이 제대로 갖추어지기 시작했다.
업무 초창기여서 고생이 다소 있었다'라고 답변해도 비슷하다.

3) 자신을 강조하지 마라

실적평가는 수험자의 성과 창출 과정에서 발생한 문제점과 갈등 해소를 위한 적극적인 조치 등의 확인을 위한 면접이다.

수험자는 이미 제출한 실적평가서를 통해 자신의 역할을 충분히 소명한 상태이다.

그런데도 질문마다 '내가 이렇게 해냈다'라는 자기 자랑으로 일관하기도 한다.

이런 답변은 좋은 결과를 기대하기 어렵다.

앞서 언급한 바도 있다.

자랑보다는 사업부서 간의 협력 유도, 관계자와의 소통과 공감 등을 어떻게 유인했는지를 부각해야 한다.

창의성을 발휘한 성과라 해도, 사업에 관련된 부서 또는 교육 가족의 지원을 강조하면서 설명하는 것이 지혜로운 답변이다.

4) 3.3.3 기법과 '다요' 화법

일반적으로 사람들은 숫자 3을 선호한다.

이 점을 활용한 것이다.

면접에서 답변할 때도 상황, 문제점, 대안 등에서 무엇인가를 열거하여 제시한다면, 세 개를 말하는 것이 좋다.

물론, 질문에 따라 두 개 이하도 무방하다.

다만, 아무리 간단한 답변이어도, 네 개 이상을 말하거나 언급하는 것은 추천하지 않는다.

3·3·3 기법은 서론·본론·결론이라는 기본적인 형식에 충실한 것이다.

긴장감이 흐르는 면접장에서 실제로 구현하려면 오랜 연습이 있어야 가능하다.

'다요' 화법은 방송국의 아나운서들처럼 '~했습니다'와 '~했는데요'를 번갈아 가면서 답변하라는 것이다.

면접에 응시한 사람들은 왠지 모르게 심신이 위축되면서 '~했습니다'로 말해야 할 것 같은 착각을 한다.

'~다'로 끝나는 말은 딱딱하게 들린다.

'~요'로 끝나는 말로 계속 이어 가면, 정돈되지 못한 느낌을 준다.

그래서 다와 요를 적당하게 섞어가면서 말하라는 것이다.

심사관이나 청자가 듣기에 편안하다.

5) 마음가짐

나는 3진 아웃으로 패배자가 된 이후, 5년이 지나고 나서야 가까스로 시험 기회를 부여받았다.

그래서 면접 평가에서 어떻게든 좋은 성적을 창출하고 싶었다.

이번만큼은 합격자 명단에 들어야 한다는 간절함이 어느 때보다 강했다.

그래서 최후의 승자가 되기 위해서 여러 가지를 준비했다.

언제부터인지 '호흡, 겸손, 감사, 진정, 적극'이란 다섯 개의 단어를 책상 앞에 붙여 두었다.

가끔은 스터디그룹 토론 전에 이 단어를 이용해 내 생각을 주장하기도 했다.

여러 번 상기함으로써 현장에서 구현할 수 있었으면 하는 바람이었다.

1) '호흡'은 면접의 기본적인 요소이다.

제2부(준비한 자가 이긴다) '호흡을 생각하라'에서 상세하게 설명하였다.

2) '겸손'은 말 그대로, 답변 과정에서 겸손한 자세를 유지하자는 것이다.

긴장되고 압박감이 흐르는 면접장에서, 겸손한 태도를 자연스럽게 구현하자는 목적이었다.

3) '감사'는 면접장에서 나를 도와준 지인들에게 감사의 말을 해보는 것이다.

실제로 당일의 답변에서, 사업을 도와준 동료들에게 감사하다는 표현을 했다.

4) '진정'은 진정성이 묻어나도록 답변하겠다는 것이다.

답변에서 가식적인 냄새를 풍기지 말아야 한다.

암기식 답변은 진정성이 없어 보인다.

5) '적극'도 답변 과정에서 '다른 분들보다 적극적이라는 것을 보이자'라는 것이다.

예를 들면, 하나를 말하라는데 때로는 두 개를 말한다.

답변 시간이 부족하다고 판단되면 시간 할애를 요청하기도 한다.

당부의 말

글을 마치면서

25년 공무원 생활에서 9급부터 6급까지 다른 동료들보다 빠르게 승진한 일, 그리고 여러 번의 표창장을 받을 때는 정말 행복했다.

본청에서 근무한 기간이 많았던 것도 행운이다.

특히, 2012년에 국무총리가 주는 모범공무원 선정은 더할 나위 없이 기뻤던 추억이다.

부상으로, 소액이지만 3년이나 수당을 준다.

그러나 5급 사무관 승진 시험에서 3진 아웃을 당하여 감당하기 어려운 수난과 마주했다.

그야말로 패배자의 쓴맛을 온몸으로 체감했다.

좌절과 불안이 몰아쳤다.

그러나 포기란 것은 염두에 두지 않았다.

5년 후, 다행스럽게 다시 기회가 주어졌다.

나는 거친 풍랑에 온몸이 부서진 난파선이 되었지만, '5급'이라는 항구에 도착했다.

승진 기회가 다시는 주어지지 않기에 모든 열정을 투입했다.

한 치의 후회도 없을 만큼 최선을 다했다.

그렇게 지나온 길,
그 길의 정리를 이제 마친다.

"사무관 승진, 따라만 하면 성공한다."
이대로 실행한다면, 누구나 승진할 수 있다.

독자들의 건투를 기원한다.

끝으로 하는 당부의 말이다.
수험 준비 중, 시간이 남는다면 자신이 믿는 대
상에게 기도하라는 것이다.

녹음 파일을 듣던 어느 날, 유년 시절 함께했던
나의 하나님을 떠올렸다.
그날부터 기도를 시작했다.

간절함은 신과 통한다.
단, 그 신이 어떤 신인지는 중요하지 않다.

감사합니다.

참고자료

❑ 실적평가 개요

❑ 실적평가 착안 사항

❑ 산안팀 실적 시나리오(10분)

실적평가 개요

① 사전설명회 개최	8.25. (수)	◦ 5급 승진심사 세부추진계획 및 일정 안내 등

⇩

② 업무실적 제출	9. 6. (월)~ 9. 8. (수)	◦ 업무실적 기술서(3건, 건당 1쪽-단면) ◦ 증빙자료(1건당 30쪽 이내-단면)

⇩

③ 실적평가 1차 검증 (서식검증)	9. 9.(목)~ 9. 10.(금)	◦ 형식위반 검증(인사팀) - 업무실적 기술서 형식(서식) 검증

⇩

④ 실적평가 2차 검증 (홈페이지 검증)	9.14.(화) ~ 9.16.(목)	◦ 홈페이지 탑재 공개검증 ◦ 업무관련자 제보 접수 및 소명기회 부여

⇩

⑤ 실적평가 3차 검증 (서류평가 및 · 면접 출제)	10.6.(수) ~10.8. (금)	◦ 외부 평가위원 평가 - 1차 : 업무실적 서류심사 - 2차 : 면접 평가 문제 출제 등

⇩

⑥ 실적평가 (심층면접)	10.9. (토)	◦ 제출된 업무실적에 대한 심층 면접 평가

실적평가 착안 사항

1) 1차 평가 : 서면 평가

평가 영역	평가착안사항		배 점	평정점		점 수
업무 개선 도	효율성 제고 (예산절감)	예산, 인력, 시간의 절감 및 업무효율 향상 정도	20 점	매우우수	19~20	
				우수	17~18	
	서비스 품질 개선	학부모, 주민 등 고 객의 편의 증진 및 서비스 개선 정도		보통	15~16	
				미흡	13~14	
				매우미흡	10~12	
조직 기여 도	인천교육 및 정책발전 기여	인천교육 발전에 기 여 및 정책과의 부 합 정도	20 점	매우우수	19~20	
				우수	17~18	
				보통	15~16	
	기관(부서) 간 협력 증진	타 기관(단체, 부서) 과의 협력 증진 및 갈등해결 정도		미흡	13~14	
				매우미흡	10~12	
업무 추진 력	주도적 행동	성과 달성을 위해 자발적이고 적극적으 로 과제 수행한 정도	20 점	매우우수	19~20	
				우수	17~18	
				보통	15~16	
	난관돌파 (위기 극복)	반발, 자원부족 등 어려움을 다양한 노 력으로 극복한 정도		미흡	13~14	
				매우미흡	10~12	
업무 창의 성	혁신/창의 마인드 발휘	혁신적, 창의적 사고 로 난이도 높은 과제 를 해결한 정도	20 점	매우우수	19~20	
				우수	17~18	
				보통	15~16	
	전문성 / 경험 활용	성과를 높이기 위 해 본인과 주변의 지혜를 활용한 정도		미흡	13~14	
				매우미흡	10~12	
업무 난이 도	과업의 중요도 담당자의 역량	해당 업무에 부여된 과 업의 중요도 및 업무 수행 과정 등에 업무담 당자가 투입하는 역량	20 점	매우우수	19~20	
				우수	17~18	
				보통	15~16	
				미흡	13~14	
				매우미흡	10~12	
합 계			100			

※ 평가지표 내용은 추후 평가위원회에서 가감 할 수 있음

2) 2차 평가 : 면접 평가

평가 영역	평가착안사항	배 점	평정점		점 수
조정통 합및 관리능 력	◦ 중견관리자로서 조직관 리 능력을 갖춘 정도 ◦ 원활한 의사소통 능력 을 갖춘 정도	20 점	매우우수	19~20	
			우수	17~18	
			보통	15~16	
			미흡	13~14	
			매우미흡	10~12	
인성 ·소통	◦ 중견관리자로서 올바른 인성, 직원들에 대한 배려 능력 정도 ◦ 동료직원, 부서 간 소통 및 조직 기여도 정도	20 점	매우우수	19~20	
			우수	17~18	
			보통	15~16	
			미흡	13~14	
			매우미흡	10~12	
업무 추진 전문성	◦ 업무 관련 분야에 대한 전 문지식 및 응용 능력 ◦ 업무지식 습득 노력 정도 ◦ 중견관리자로서 전문성을 갖추었는지 정도	20 점	매우우수	19~20	
			우수	17~18	
			보통	15~16	
			미흡	13~14	
			매우미흡	10~12	
책임성 및 협력성	◦ 업무에 대한 책임성 및 구성원과의 협력성 ◦ 업무를 수행하기 위해 타 기관(부서)과의 협력추진 등	20 점	매우우수	19~20	
			우수	17~18	
			보통	15~16	
			미흡	13~14	
			매우미흡	10~12	
성실성 및 적극적 업무태 도	◦ 업무에 얼마나 열정적이며 헌신하였는지 정도 ◦ 평소 성실한 태도로 업무에 임하였는지 정도 ◦ 업무 관련 답변 내용의 창의성과 우수성	20 점	매우우수	19~20	
			우수	17~18	
			보통	15~16	
			미흡	13~14	
			매우미흡	10~12	
합 계		100			

※ 평가지표 내용은 추후 평가위원회에서 가감할 수 있음

산안팀 실적 시나리오(10분)

'산업안전보건 인프라 구축 등 1인 3역으로
산재예방 시동을 걸다'에 대한
추진배경을 말씀드리겠습니다.

추진배경은 산업안전보건법 개정과
갈등 극복 노력 등
두 가지입니다.

2020. 1. 16.부터 학교 등 교육현장에
산업안전보건법이 최초로 전면 적용됨에 따라
학교 등에도 산업재해 예방체제가 필요하게
되었습니다.

또한, 법령 적용으로
현업종사자에 대한 산재예방교육,
관리감독자 지정 의무 등으로
교육청과 노동조합 간의 갈등이
전국적으로 증폭되었습니다.
이러한 법 개정에 따른
산재 예방체제의 구축 필요성,

공무직 노조 및 전교조 등
노동조합과의 갈등 해소를 위한
업무를 추진하게 되었습니다.

산업안전보건 인프라 구축 등
추진과정을 말씀드리겠습니다.
우선 2020. 1. 16. 일명 김용균법이라 불리는
산업안전보건법의 시행으로
교육청내 산업안전보건팀이 신설되었고,
인사발령으로 산업안전보건에 대한 실무를 담당하게
되었습니다.

추진과정은 인프라구축,
홍보와 인식제고,
현장 지원 등 1인3역으로 요약할 수 있습니다.
첫째 인프라구축은
산업안전보건위원회 출범, 관리감독자 지정,
전문인력 확충입니다.

산업안전보건위원회는
학교 등 교육기관의 산업안전보건 업무수행과

지원을 위한 조직체제로써,
저는 신속한 구성과 원활한 운영을 주도하여
산재예방과 현업업무에 대한 역량 제고를
도모하였습니다.

산업안전보건위원회는
교육청과 근로자 측이 각각 10명 총 20명으로
구성하였으며,
9월말 현재까지 총6회의 정기회의 개최,
학교방문 사전준비 점검 등 6건의 안건을 심의
의결하였습니다.

성과로는 경인매일 등에 보도된 바와 같이
'인천시교육청, 산업안전보건위원회 구성 및 회의
개최' 등입니다.

아울러, 정기회의 시마다 언론 보도자료를 배포하여
산재 예방을 위한 교육청의 홍보에도
지속적인 노력을 기울여 왔습니다.

관리감독자 지정은
직렬별 대표로 구성된 협의체 다람의 운영으로

업무별 지휘 감독자를 교장으로 지정한 내용입니다.

관리감독자 지정의 가장 큰 문제는
교육청과 현장 간의 갈등,
즉 교육청의 지정 의무와 학교 등 현장의 지정 회피 문제를
어떻게 풀어나갈 것인가였습니다.

15명으로 구성한 협의체 다람의 운영을 통하여
소통과 협의를 이어나갔고,
그 결과로 관리감독자를 교장으로 하며,
실무추진을 위한 업무담당자 지정안을
도출하였습니다.

성공적인 협의체 운영을 위하여
노무사와 근로감독관의 사전연수 2회를 먼저 진행하여
협의체의 운영 목적, 논의 방향 등을 주지하였고,
문제와 대안 마련에 긍정적인 동참을
유도하였습니다.
사이버 등 3회의 온오프라인 의견수렴 등으로
결과보고서를 작성하여 교육감님께 업무보고를

하였습니다.

또한 교육가족 구성원 간의 갈등 완화를 위하여
산업안전보건위원회 정기회의에서
경과보고를 1회 진행하였습니다.

2020년 11월 경기일보 보도자료와 같이
'인천지역 산업안전보건법 관리감독자 지정 갈등
일단락'이란
성과를 이루어 낸 것에 대해
지금까지도
협의체 다람 구성원의 노고와 협조에 감사드립니다.

전문인력 확충은 안전보건 관리자 정원확보와
채용이며,
이를 통하여 교육청 내 업무처리 체계를
구축하였습니다.

안전보건 관리자는
사업장 안전보건 사항을 지도 조언하는 역할을
수행하는데,
총4명의 신규 공무원 채용을 추진하였습니다.

성과계약서 체결, 임용 이후 행정업무 지원 등으로
공직에 처음 입문한 직원들의
업무적응에 필요한 행정적 지원에 최선을
다하였습니다.

둘째 홍보와 인식제고에 대하여 설명드리겠습니다.
홍보자료 제작 보급, 정보나눔방 신설, 화상연수
등의 추진과정입니다.

교육현장 안전보건의 중요성 인식
및 법령안내를 위하여
다각적인 홍보방안을 추진하였습니다.

학교 등에서 알아야 할 산업안전보건법령 요약집,
포스터, 리플릿, 안전보건스티커 등
홍보자료를 제작 배포하여
교직원들의 법령에 대한 인지도 향상을
지원하였습니다.

또 교육청의 부서홈페이지에
정보나눔방을 신설하여
산업안전보건에 대한 정보공유와
현장의견 수렴에 활용하였습니다.

9월 현재 산업안전보건위원회 심의의결 결과 등
19건의 자료를 탑재하였습니다.

또한 코로나19 감염 위협 속에서도
관리감독자와 업무담당자 역량제고를 위한 연수를
계속하였습니다.

법령이해교육, 업무안내, 순회점검 우수사례 공유
등을 위하여
화상연수를 유튜브 생중계로 2회 시행하였습니다.

이러한 홍보와 인식제고 노력을 통하여
안전보건에 대한 인식의 확산을 가져왔다고
생각합니다.

세 번째는 법령, 산재교육 등의 현장안착 지원이며,
이를 통하여 학교 등의 업무지원과 안전확보,

산재예방을 도모하였습니다.

세부 지원 내용은
자문노무사 도입, 협의체 도담, 인터넷원격교육 지원
등입니다.

자문노무사는 교육현장의 업무상담과 고충처리를
위하여
위촉 공고, 심사 등을 통하여
3명의 노무사를 2021. 3월부터 위촉
운영하였습니다.
성과로는 학교 등에서 자문의뢰 2건과 전화 상담
등이 있으며,
교육청에서는 법령해석 등 자문 6건,
강사 활용 4회 등이 있습니다.

협의체 도담의 운영은
관리감독자와 업무담당자의 현장 업무경감 지원을
위하여
교장, 행정실장 등 28명으로 구성하여
총 6회를 운영하였습니다.

그 결과, 관리감독자와 업무담당자 업무를
전문기관에 위탁 추진하는 개선안을
도출하였습니다.

근로자 안전보건교육은
현장근로자의 산업재해 예방을 위하여
정기적으로 시행하는 교육입니다.

2020년 이후 코로나19 감염 우려로
집체교육 대신 원격교육으로 진행해왔으며,
이에 대한 지원내용입니다.

6,035명의 현업종사자를 대상으로 한
인터넷 동영상 수강시간의 6시간 일괄인정과
교육비 지급 등에 대해 노사 간 갈등이 있었습니다.

이러한 갈등 해소를 위하여
산업안전보건위원회의 안건 상정, 심의 의결,
관계부서 협의 등을 주도하였습니다.

추진성과에 대하여 말씀드리겠습니다.
산업안전보건 체제구축을 통하여

산업재해 예방을 도모하였다고 요약할 수 있습니다.

정량적 성과는 우선 인프라 구축에서
산업안전보건위원회 20명 구성과 6회 운영입니다.
또 협의체 다람의 운영으로 517명의 관리감독자를
지정하였으며,
4명의 안전보건관리자를 확충하였습니다.

인식개선을 위하여
홍보물 4종, 정보나눔 19건, 화상연수 2회를
진행하였습니다.

현장지원을 위한 실적으로
자문노무사 3명 위촉, 협의체 도담 운영 6회,
근로자 안전보건교육 4회 6,035명의 연수를
지원하였습니다.

정성적 성과로는 산재예방을 위한 인프라 구축으로
교육현장 안전확보와 지원을 가져왔으며,
산업안전보건위원회 실무협의와 정기회의를 통한
갈등해소,

협의체 다람과 도담 등 협업을 통한 문제해결,

안전보건관리자 등 전문인력의 확충,
현장 고충처리 지원을 위한 자문노무사 최초 도입과
지원,
근로자교육 등 산업안전보건 업무 추진으로
조직기여가 있습니다.

감사합니다.

<저자 조희정>

1967. 3. 23. 전북 순창 출생
공군 중사 전역

금오공고
전주대학교(법학)
한국방송통신대학교(교육, 농학)
안양대학교 경영행정대학원 석사(사회복지학)

1997. 3. 27. 인천 동부교육지원청 입사
인천교육청 근무(중등, 설립, 노사, 산업, 재정 업무)
2022. 1. 1. 지방교육행정 사무관 임용
현재 인천영종고등학교 근무 중

저작   넋두리(2022)
        성공하는 주무관 되기(2022)

사무관 승진, 따라만 하면 성공한다

발   행 | 2022년 11월 23일
저   자 | 조희정
펴낸이 | 한건희
펴낸곳 | 주식회사 부크크
출판사등록 | 2014.07.15.(제2014-16호)
주   소 | 서울특별시 금천구 가산디지털1로 119 SK트윈타워 A동 305호
전   화 | 1670-8316
이메일 | info@bookk.co.kr

ISBN | 979-11-410-0268-8

www.bookk.co.kr